中学生趣味百科——
带你探索奇趣世界

汤仁荣　编著

金盾出版社

内 容 提 要

本书为广大中学生介绍了众多新奇、有趣的小知识，内容包括迷人的植物乐园、奇妙的动物世界、美丽的自然风光、罕见的地理奇观、璀璨的宇宙星空、难解的历史迷雾、独特的民俗风情、神秘的原始部落。本书语言简洁，内容生动，集科学性、知识性、趣味性于一体，不仅对你认知和改造世界有很大帮助，而且会让你在探索的过程中发现世界很神奇！

图书在版编目(CIP)数据

中学生趣味百科：带你探索奇趣世界/汤仁荣编著. -- 北京 ：金盾出版社,2012.6

ISBN 978-7-5082-7485-0

Ⅰ.①中… Ⅱ.①汤… Ⅲ.①科学知识—青年读物②科学知识—少年读物 Ⅳ.①Z228.2

中国版本图书馆 CIP 数据核字(2012)第 033620 号

金盾出版社出版、总发行

北京太平路 5 号(地铁万寿路站往南)

邮政编码:100036 电话:68214039 83219215

传真:68276683 网址:www.jdcbs.cn

封面印刷:北京印刷一厂

正文印刷:北京天宇星印刷厂

装订:北京天宇星印刷厂

各地新华书店经销

开本:787×1092 1/16 印张:11.5 字数:200 千字

2012 年 6 月第 1 版第 1 次印刷

印数:1~6 000 册 定价:23.00 元

序言

自古以来，人类就没有停止过对世界的探索。之所以如此，一是由于好奇心，二是由于人类与生俱来的趋利避害的心理。

这让人首先想到了祖先们对火的探索。在原始社会，火山爆发、电闪雷击引起森林大火，祖先们感到非常恐惧。但在险恶的生存环境下，他们很快发现，越靠近火越感觉温暖，而被火烤过的猎物味道更加鲜美。他们尝试着保存自然火种。随着时间的推移，他们又发现摩擦起火的现象，于是发明了钻木取火。恩格斯曾说："摩擦生火第一次使人支配了一种自然力，从而最终把人同动物界分开。"之后，又经过长期的探索，人类终于真正掌握了火的奥秘。

人类对火的探索，是一个由恐惧到认识再到使用的过程，是一个征服自然的过程，是一个认识世界、改造世界的过程。

探索对人类具有重要意义。因此，作为中学生你应该注意培养自己的探索精神。探索能拓宽你的视野，增长你的见识，提高你的思维能力，增进你对身边事物的了解，能动地改造你的主客观世界。

请随编者走进本书，本书将带你探索妙趣横生的奇趣世界。

这里有迷人的植物乐园：易害羞的含羞草，神奇的笑树，会流血的树，可爱的"鸡蛋树"，可怕的"吃人树"，不畏火烧的"英雄树"……

这里有奇妙的动物世界：憨态可掬的大熊猫，筑怪巢的犀鸟，开屏的孔雀，善于伪装的鱼，爱憎分明的海豚，童话里的美人鱼……

这里有美丽的自然风光：美丽的雨后彩虹，朦朦胧胧的雾，晶莹剔透的露珠，巍峨挺拔的高山，鬼斧神工的瀑布，真假难辨的海市蜃楼，美丽奇异的极光……

这里有罕见的地理奇观：诡异的沈阳怪坡，美丽的"月牙泉"，令人生畏的"魔鬼谷"，神奇的"巨菜谷"，恢宏的埃及"金字塔"，充满悬念的英国"巨石阵"，诡秘的"百慕大三角"……

这里有璀璨的宇宙星空：壮观美丽的银河，神秘的黑洞，美丽的流星雨，居无定所的北极星，跑得飞快的水星，蓝色的海王星，被开除行星籍的冥王星……

这里还有神秘的原始部落：与世隔绝的图瓦人，古老的非洲穆尔西人，身材矮小的俾格曼人，纳米比亚辛巴族"红泥人"，住在树上、吃虫子的科罗威人……

……

请你以一颗好奇心来面对这里的一切，去认识和探索这里的一切奥秘。相信，这次奇趣世界探索之旅，不仅对你认知和改造世界有很大的帮助，而且你会在探索的过程中发现，我们的世界很神奇，我们的生活也很有趣！

编　者

目录
◦ CONTENTS ◦

第一章　迷人的植物乐园

1

第四章　罕见的地理奇观

第五章 璀璨的宇宙星空

第六章　难解的历史迷雾

6

第一章 迷人的植物乐园

迷人的植物乐园里,有着无穷的奥妙。这里有千奇百怪的人面植物、有会流血的树、可爱的"鸡蛋树"、叫人垂涎的"奶树",还有可怕的"吃人树"、会结面包的"面包树"、奇怪的"光棍树"……

千姿百态的植物睡眠

在动物王国中,睡眠是与食物和水同等重要的大事。从果蝇到现代人,大家都是如此。人和动物都要睡觉,那植物睡不睡觉呢? 正确的答案是植物也睡觉。嘘!小声点,不要惊扰它们的美梦!

千姿百态的植物睡眠

到目前为止,科学家们发现的会睡觉的植物有合欢树、红三叶草、睡莲、花生、酢浆草、白屈菜、含羞草、羊角豆等。在这里,我们重点来看一下合欢树、红三叶草和睡莲这三种植物是如何睡觉的。

合欢树是一种落叶乔木,它的叶子日落而合、日出而开,跟人日出而作、日落而息一样,非常有趣。原来合欢树的叶子是由许多小羽片组合而成,在白天舒展而又平坦,可一到夜幕降临时,那无数小羽片就成对成对地折合关闭,好像被手碰撞过的含羞草叶子,全部合拢起来——这家伙原来是睡着了。

红三叶草,又名"红车轴草"、"红荷兰翘摇",多年生草本植物,它长着三片小叶,开着紫色的小花。在白天有阳光时,叶柄上的三片小叶都舒展在空中,但到了傍晚时分,三片小叶就开始闭合,它们紧挨在一起,垂下头来准备睡觉。

睡莲又称为子午莲、水芹花,是属于睡莲科睡莲属的多年生水生植物,睡莲是水生花卉中的名贵花卉。外形与荷花相似,不同的是荷花的叶子和花挺出水面,而睡莲的叶子和花浮在水面上。睡莲因昼舒夜卷而被誉为"花中睡美人"。白天在水面上绽放的睡莲花,每到夕阳西下之时,它就像一个疲

花中睡美人——睡莲

倦的美人，闭拢花瓣，进入睡眠状态。在次日旭日东升之时，又像从睡梦中醒来，把美丽的花瓣慢慢舒展开来。

植物为什么会出现睡眠现象

植物的这种睡眠现象，引起了人们极大的兴趣。最近几十年，科学家们围绕着这个问题，展开了广泛的研究。

最初，解释植物睡眠运动最广泛的理论是"月光理论"。提出这个论点的科学家认为，叶子的睡眠运动能使植物尽量少遭受月光的侵害，因为过多的月光照射，可能干扰植物正常的光周期感官机制，损害植物对昼夜长短的适应。但是，许多没有光周期现象的热带植物，同样也会出现睡眠运动，这一点用"月光理论"就无法解释了。

后来科学家们又发现，有些植物的睡眠运动并不受温度和光强度的控制，而是由于叶柄基部中一些细胞的膨压变化引起的，属于适应环境的一种保护性反应。例如，合欢树通过叶子在夜间的闭合，可以减少热量的散失和水分的蒸发，起到保温保湿的作用，而且，在遭遇暴风雨袭击时，它的叶子也会渐渐合拢，以防柔嫩的叶片受到暴风雨的摧残。

植物出汗的秘密

一到炎热的夏季，酷热难当，人们便会汗流浃背。不要以为只有人才会出汗，植物也会出汗。

夏季清晨，在野外，细心的人可以看到很多植物叶子的尖端或边缘，有一滴滴的水珠淌下来。很多人都以为这是露水，但若是再仔细观察，便会发现那些水珠是慢慢地从植物叶片尖端冒出来的，逐渐增大，最后掉落下来；接着，叶尖又重新冒出水珠，慢慢增大，最后掉落下来……一滴一滴的连续不断，像流汗一样。这肯定不是露水，因为露水应该分布于叶面之上。而这一颗颗的水珠无疑是从植物体内跑出来的。

我们都知道，如果把一盆植物放在炽热的太阳光下暴晒，一会儿的工夫它的叶子肯定会被晒蔫。在此，我们先来做个小实验：搬一盆植物放在炽热的太阳底下，再把一个玻璃杯倒扣在几片叶片上，过不了多久我们就会发现杯壁上会出现一层细小的水珠。这种植物体内的水分通过叶子散失到体外的现象就是蒸腾作用。

这种现象是怎样产生的呢？其秘密在于叶子的表面——叶子的表面有许多气孔，大多数植物的气孔由两肾形的保卫细胞组成，这种细胞的内外壁厚度不同，靠着气孔的内壁厚，背着气孔的外壁薄。当保卫细胞因吸水膨胀时，较薄的外壁就伸长，细胞向外弯曲，于是气孔张开；当保卫细胞失水而体积变小时，外壁就拉直，气孔也随之关闭。叶子就是通过这种渠道把汗水排出的。

另外,还有一个现象是"吐水"出汗。白天,植物在阳光下进行光合作用时,叶面上的气孔张开,一边进行气体交换,一边不断蒸发出水分。可到了晚上,光合作用停止,气孔也随之关闭,而植物的根仍在吸收土壤中的水分。如此一来,植物体内的水分就会过剩,为了维持体内水分的平衡,这些过剩的水便从衰老的、失去关闭本领的气孔冒出来。这种现象,在植物学上称为"吐水"。此外,植物还有一种排水腺,就像人体的"汗腺"一样,可以用来排出植物体内多余的水分。

与人类不同的是,植物的"汗"一般在夏季的夜晚才出,有时在空气潮湿、没有阳光的白天也会出汗。不同的植物品种,它的吐水量也是不相同的。据观测,芋头的一片幼叶,在适合的条件下,一夜可排出 150 滴左右的水,一片老叶更能排出 190 滴左右的水,水稻、小麦等的吐水量也较大。

总而言之,植物出汗是为了保持植物体内的水分平衡,是为了使植物能正常生长,这是一种正常的生理现象。

植物发光是怎么回事

我们知道太阳会发光、星星会发光、电灯会发光、电视会发光,也见过会发光的动物,如萤火虫。可谁又见过植物会发光呢?那些会发光的树、会发光的藻类,它们体内到底存在什么秘密呢?

发光的柳树桩

在江苏徐县,人们发现一些能够在黑夜里闪烁着幽幽的浅蓝荧光的柳树桩,刚开始发现这种现象时人们大都觉得很奇怪,还对它产生了许多诡异的猜想。

后来,这一奇怪的现象吸引了科学家们的注意。他们对这些柳树桩进行了"体检",并用它们身上的提取物培养出一种叫假蜜环菌的真菌。原来,柳树会发光全是因为这些假蜜环菌的缘故——假蜜环菌寄生在这些枯死的树桩上,并使木材腐烂。假蜜环菌的菌丝侵染了木材纤维以后,还分泌出一些可以分解木材的酶,这些酶又将纤维素、木质素转化为真菌能够吸收的小分子物质,如葡萄糖、酚类等各种营养物。在这些营养物质的不断补充下,又使得假蜜环菌的菌丝细胞开始不停地繁衍和长大,同时还积累大量能够产生荧光的物质。这些带荧光的物质在荧光酶的催化作用下进行生物氧化,并把化学能转化为光能,也就是人们所看到的生物光。因为这种真菌的菌丝体会发光,因此又有"亮菌"的雅号。

假蜜环菌多生长于江苏、浙江一带,它喜欢安身于一些树桩,用白色菌丝吮吸植物体内的养料。白天由于阳光照射的缘故,人们自然看不见它发出的光,而在夜晚,就可以看见了。

"渔火"——海藻之光

"渔火",对于长期生活和工作在海里的船员、水手们都不陌生。只要在天气晴朗的夜晚,大片大片闪着光的蓝绿色或乳白色的"渔火"便会呈现在海面上。这些出现在海面上的"渔火"并不是海底火山的问题,而是海里藻类、细菌和某些海洋浮游生物大量聚集在一起而形成的人们肉眼能看到的生物光。

不要小看了这种海藻之光,它可是一种高效率的冷光,它的光能转换率大于90%。这种生物光的波谱成分十分柔和,适合于人的眼睛,没有刺激作用,节能煤和节能电源就是仿生工程师通过对它的研究及进行生物光模拟而制造出来的。

世界植物之最

《吉尼斯世界纪录》记载了许多世界之最。不光人类有很多"第一",动物也有,就连植物也有。现在就来讲讲植物的"世界之最"。

最大"头"的树

都说"大树底下好乘凉",但能容纳乘凉人数最多的树是哪棵呢?这恐怕要数孟加拉的一种榕树,它的树冠可以覆盖15亩左右的土地,有一个半足球场那么大。这棵孟加拉榕树不但枝叶茂密,而且它能由树枝向下生根。这些根有的悬挂在半空中,从空气中吸收水分和养料,叫"气根"。多数气根直达地面,扎入土中,起着吸收养分和支持树枝的作用。

最粗的树

据相关资料显示,世界上最粗的树当属西西里岛的埃特纳山边的一棵叫"百马树"的大栗树。它树干的周长有55米左右,需要30多个人手拉着手才能围住。树下部有个大洞,采栗的人把那里当宿舍或仓库用。

最高的树

生长在澳大利亚草原上的一种高耸入云的巨树,它们一般都高达百米以上,最高的竟达156米,比美洲巨杉还高14米,相当于50层楼的高度,难怪人们把它称为"树木世界里的最高塔"。

开花最大的植物

在印度尼西亚苏门答腊森林里有一种花,花开放后的直径达 1.4 米,和我们吃饭的圆桌差不多大。它有 5 片又厚又大的花瓣,外面带有浅红色的斑点,每片花瓣长三四十厘米。一朵花有六七公斤重,花蕊像个面盆,可以盛五六升水,它的名字叫大花草,但这种世界上最大的花,一生只开一次花。

千奇百怪的人面植物

人面植物,第一次看到这个词的时候,大多数人会想起在《西游记》里提到的人参果,不过这是虚拟出来的事物。在现实中,真的有长得和人面一样的植物吗?别说,还真有。

人面果

在东非的肯尼亚东部山区,有一种叫"婆其格利德"的树,它结出的果实就被人称为"人面果"。这种果实上有些凸出的果疤,恰似人脸上的眼、鼻、嘴、眉、耳,而且分布得也如人的五官那么匀称。因此,整个果实看起来仿佛是一张小孩的脸,十分有趣。这种果实不但好看,而且味甜、核小、汁多、皮薄、肉厚,是夏季解渴消暑难得的佳品。

人面竹

竹子是南方最常见的植物,可是人面竹却是竹子世界中的珍品,也是人面植物中的佼佼者。人面竹数量稀少,到目前为止仅发现 42 株,生长于我国蜀南竹海风景区内。人面竹的竿部圆实光滑,不长一根枝杈,梢部则有密密的竹叶,从整体上看,像少女苗条健美的身影,故称为美人竹叶,大的直径约有 20 厘米,小的直径约有 10 厘米。这种与人一般高的"人面竹",其节纹并不像其他竹子一样水平生长,而是斜着向上交错,上下节纹间略微相连,节面微凸,远远望去,就像一位妙龄少女丰腴的脸颊。

人面花

人面花

"芙蓉如面柳如眉",白居易曾用这样的诗来形容杨贵妃的美丽容貌。其实在现实生活中,不但有人长得像花一样,也有花长得像人一样。这种人面花的学名叫"三色堇",原产地为欧洲中、北部地区,人面花叶片表面光亮平滑,花茎由顶部或腋部抽出,花色深浅搭配,加上花瓣纹路变化,因此让人看起来有一种错觉,有时看似人面,有时又像猫脸,所以也被人们称为"猫脸花"、"鬼面花"。

能吃虫子的强悍植物

虫子吃草肯定是再正常不过的事情,但草吃虫子这种事听起来就有些奇怪了。那么,什么样的强悍植物能把虫子吃下去呢? 草连嘴巴都没有,它们又是怎么把虫子吃掉的呢?

毛毡苔

1875 年,达尔文在《食虫植物》一书中写道:"他曾把一段 10 毫米长的细头发丝,放在一种叫毛毡苔的食虫植物的叶子上,叶子的绒毛马上能感觉到,并立刻卷了起来,把头发按住。"达尔文还证实,只要在茅膏菜叶上落上一小段头发,重量仅 0.8 微克,就能使它作出反应。正是由于这些植物能感觉到如此微小的物体,它们能捕捉到极其微小的飞虫。

猪笼草

猪笼草属于热带食虫植物。猪笼草的叶子很长,叶子中间的部分延伸成细长的卷须,叶子的尖上,都悬挂着一个长长的粉红色的小瓶子,瓶口上还有一片叶子,相当于瓶盖子,形状就像南方的猪笼子,所以人们叫它"猪笼草"。

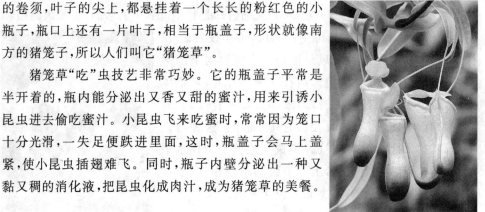

猪笼草"吃"虫技艺非常巧妙。它的瓶盖子平常是半开着的,瓶内能分泌出又香又甜的蜜汁,用来引诱小昆虫进去偷吃蜜汁。小昆虫飞来吃蜜时,常常因为笼口十分光滑,一失足便跌进里面,这时,瓶盖子会马上盖紧,使小昆虫插翅难飞。同时,瓶子内壁分泌出一种又黏又稠的消化液,把昆虫化成肉汁,成为猪笼草的美餐。

猪笼草

狸藻

狸藻是具代表性的水草。全身呈翠绿或黄绿色,它属于一年生的草本植物,除了秋季开花期以外,其余时间全部都沉没在水里。它的叶子细而长,基部生长着一些只有几毫米长的小囊。小囊口的周围长有一些纤细的绒毛。当一只小昆虫碰到一根绒毛时,小囊的口就会张开,小囊的弹药性壁随即猛烈膨胀,一下子把小昆虫连同一股水一起抽吸到囊里去,然后关闭囊口,吐掉水而吃掉虫子,这样一个复杂的捕捉过程仅仅持续了 0.028 秒。

植物王国的数学奥秘

植物王国里的数学奥秘数学定律的产生都是数学家们在某些植物身上得到的启示,如笛卡尔叶线、黄金分割等。

笛卡尔叶线

"笛卡尔叶线"也叫"茉莉花瓣曲线"。根据它的名称我们就可以猜测到,这肯定是从茉莉花那里得到的启示。这的确是著名的数学家笛卡尔通过对茉莉花瓣和叶片轮廓曲线的研究,而列出了 $x^3 + y^3 - 3axy = 0$ 的方程。除了茉莉花之外,其他一些植物的叶片的形状也可以用一定的数学公式来描述,如睡莲的叶子形状就是一个较为复杂的高次方程。

车前草里的黄金分割

数学里最为著名的"黄金分割"就是从车前草的叶片上得到的启示。奥秘就是在车前草的叶片排列之上,它的叶片不仅呈螺旋形排列,更为巧妙的是相邻叶片之间的夹角呈 $137°30'$,这正好是圆的黄金分割的张角。如此排列,既不相互重叠,又能最大限度地获得阳光,大大提高了光合作用的效率。建筑师们根据这一原理,设计建造了现代化的螺旋式高楼,使每个房间都能达到最佳的采光效果。

云杉与抗震建筑

我们都知道古代的塔和现代的电视塔,都呈圆锥形。这又是受到了哪种植物的启示呢?一般来说,树木的树干大都是基部粗、上部细,呈圆锥形,这种形态也非常符合几何原理。尤其是高山上的云杉,整个树形都是圆锥形。这是一种抗倒伏的理想几何形状,完全可以抵御狂风暴雨的袭击。后来,人们在建造塔等高层建筑时,便想起高山上那不畏狂风暴雨的云杉来,于是就模仿它的形态来建造。日本建筑师曾模仿云杉的形态设计建造了一幢 43 层的高楼,这座高楼有极强的抗震能力,强地震时即使楼顶的摆动幅度在 70 厘米的情况下,仍可安然无恙。

小麦茎秆与电线杆

种过小麦的人都知道,小麦的茎秆细而中空。但坚固程度却令人吃惊——它能牢固地支撑着比本身直径大200~300倍的高度和沉甸甸的麦穗。根据力学原理,中空的茎与同样粗度的实心茎相比,两者的支撑能力是相等的。小麦茎秆的这种中空结构,以耗费最少的材料而获得最大的坚固性,是多么巧妙啊!现在人们使用的中空电线杆,正是仿照小麦茎秆制作的。

会发热的植物

春天来了,草长莺飞、百花齐放。而一到严冬,花落草黄、万物凋敝,这是由于大部分植物都不耐寒的缘故。可有少部分植物却在寒冷的冬季里持续生长,并开花结果。甚至在终年积雪的高山、气候极为恶劣的南北极地,都有它们的踪迹。这些植物在漫长的进化过程中,之所以能够生存下来,是因为它们有着适应环境的奇特本领。

人类遇到寒冷,便会采取各种手段来防寒保暖,即使是动物,它们也有自己抵御寒冷的方式。而生长在严寒季节和地带的植物同样也有它们抗寒的本领,那就是——发热。

阿尔卑斯山生长着一种奇异的植物,在种子成熟将要散落时,它就放出一些热量使周围的积雪融化,让种子直接落在土壤上,这就为种子萌发和后代生存创造了有利条件。

在冰天雪地的北极,几乎终年严寒酷冷,但生长在那里的植物却能在冰雪中开花结果。这一现象让人称奇。后来,科学家们惊奇地发现,原来这些植物的花朵温度总是要比外界高一些。

后来有人在南美洲中部的沼泽地里发现一种叫臭菘的植物。这种植物在每年三四月天气还相当寒冷时,它的花朵便开始开放,其花期长达两周左右。在此期间它的花苞里始终保持在22℃,比周围气温高20℃左右。

在臭菘的花朵中有许多产热细胞,产热细胞内含有一种酶,能够氧化光合产物——葡萄糖和淀粉,释放出大量的热量。

近几年,植物学家们还发现了一种产热本领很高的植物——喜林芋属的一种芳香植物。在开花期间,花里的温度可高达37℃,实在让人称奇。它为什么能产生如此高的热量呢?经研究发现,原来是它可以像热血动物那样,用脂肪作为"燃料"来产生热量。植物学家们不但在这类植物的花中发现了产热细胞,而且在其根部和韧皮部等部位也发现了产热细胞。

植物发热除了可用于御寒,还可以促进花香四溢,引诱昆虫前来为它们传粉。

如臭菘，它的花有臭味，只能通过发热来招引昆虫前来传花授粉。同时，发热植物的花朵里的温度比外界气温高出许多，自然就成了昆虫的理想御寒场所，昆虫前来寄宿，也就帮助传播了花粉。

古怪的冬虫夏草

冬虫夏草简称虫草，是一种十分珍贵的中药。它主要分布在我国青海、西藏、四川、云南、贵州、甘肃等海拔 4 000 米左右的高海拔地区。根据产地的不同又分为青海草、藏草、川草、滇草等。

冬虫夏草的药用价值高，全世界都将其视为珍品。但由于市场需求量大，而天然资源量又很稀少，价格自然十分昂贵。其虫体又呈金黄色、淡黄色或黄棕色，所以又有"黄金草"之称。

和它的古怪名字一样，冬虫夏草的形状也很奇特——说它是动物，它的根又深扎在泥土里，头上还长着一根草；说它像植物，它的根部又是一条虫子，长有头和嘴，还有 8 对整齐的足。冬虫夏草这种古怪的东西是如何形成的呢？它到底是植物还是动物呢？

经研究发现，冬虫夏草是由冬季真菌寄生于虫草幼虫体内，到了夏季发育而成的。原来，高原上生活着一种叫做"蝙蝠蛾"的昆虫，在冬天来临之际，它便将虫卵产在土壤里，然后才静静地死去。虫卵在土壤里自然孵化，就会成为一条条白白胖胖的幼虫。但在土壤中还寄生着一种真菌，如果"蝙蝠蛾"的幼虫不幸遇到了它们，就会成为它们新的寄生对象。它们会一股脑儿地钻进幼虫的体内，并吸食虫体内的营养，过着无忧无虑的寄生生活。由于体内的寄生菌大量繁殖，幼虫还没爬出地面就一命呜呼了。等到气候温暖之时，这种真菌便破土而出，在幼虫壳体的头部长出一根长约

冬虫夏草

10 厘米、顶端呈椭球体的棒。因此，它才长出既像虫又像草的古怪模样。

人们根据它的这副怪样子给它起了个"冬虫夏草"的怪名字。但真菌是如何钻入幼虫体内的，又是怎么在幼虫体内寄生那么长时间后，最终从虫嘴长出一棵草的？这个问题还有待生物学家们的进一步研究。

含羞草因何害羞

含羞草很多人都不陌生，只须轻轻一碰，它那原本开放的羽状叶片就会闭合起来，紧接着整个叶子都会垂下去，显出一副"害羞"的模样来，就像一个含羞的少女，

所以得名"含羞草"。

含羞草真的会害羞吗？当然不是，它的这种"含羞草"现象是一种植物受刺激和震动后的反应。这种反应在生物学上称为感性运动，是含羞草受到外界刺激后，细胞紧张改变的结果。

含羞草

含羞草的叶子和叶柄具有特殊的结构。在叶柄基部和复叶的小叶基部，都有一个比较膨大的部分，叫做叶枕。而在叶枕的中心有一个大的维管束，维管束四周充满着具有许多细胞间隙的薄壁组织。一旦碰到叶子，震动刺激便会立即通过小叶的叶枕传到叶柄基部的叶枕，这时叶枕的上半部薄壁细胞里的细胞液，被排到细胞间隙中，使叶枕上半部细胞的膨压降低，而下半部薄壁细胞间隙仍然保持原来的膨压，结果引起小叶片的直立而两个小叶片闭合起来，甚至于整个叶子垂下来。若触动力大一些，整个叶柄都会垂下来。

原来含羞草在受到刺激后的 0.08 秒钟内，叶子就会闭合。受刺激后，传导的最快速度每秒可达 10 厘米。刺激之后，须过 5 分钟至 10 分钟一切才能慢慢恢复正常。如果连续刺激叶子，便会让叶枕细胞内流失掉的细胞液得不到及时补充。所以，如果我们继续不断地刺激它的叶子，它就产生"厌烦"之感，不再发生任何反应。

说起它的这个特殊本领，我们还要追溯一下它的历史根源。含羞草来自热带南美洲的巴西，那里常有狂风暴雨。想要避免遭受暴风雨的袭击，就要拥有一种保护自己的本领。每当第一滴雨打着叶子时，它立即叶片闭合，叶柄下垂，以躲避狂风暴雨对它的伤害。含羞草的这种运动也可以看做一种自卫方式，试想一下，若动物稍一碰它，它就合拢叶子，这样奇怪的植物，有多少动物敢吃呢？

浑身是宝的"怕痒树"

"怕痒树"是树木中一种奇特的树种，它的学名叫"紫薇树"，为花叶乔木，因其花期从 7 月至 10 月不断，故名百日红，又名无皮树、满堂红。

紫薇原产于中国，分布于长江流域，华南、西北、华北也有栽培。紫薇树耐旱、怕涝，喜温暖潮润，喜光，喜肥。对于二氧化硫、氟化氢及氮气等有害气体，具有极强的抵抗性和吸附能力。科学家研究发现，每千克紫薇叶能吸 10 克硫，且不影响其生长。它还能吸滞粉尘，每平方米叶片可吸滞粉尘 4 042 克。

紫薇还具有药物作用，根据李时珍在《本草纲目》中的论述来看，它浑身都是宝：皮、木、花有活血通经、止痛、消肿、解毒作用，种子有驱杀害虫的功效，叶子可治白痢,花治产后血崩不止和小儿烂头胎毒等,根则可治痈肿疮毒。

紫薇树还有一个奇特的地方,即没有树皮。物以稀为贵,在世界上成千上万种树木之中又有几种是无皮的呢?年轻的紫薇树干,年年生表皮,年年自行脱落,表皮脱落以后,树干显得新鲜而光滑。老年的紫薇树,树身不复生表皮,筋脉挺露、莹滑光洁。如果有人在它那无皮的树干上轻轻抚摸一下,它便会枝摇叶动,浑身颤抖,甚至还会发出微弱的"咯咯"响动声,像极了人们被人挠了痒痒一样,它的这种"怕痒"全身反应,实在令人称奇。

神奇的笑树

走进非洲东部的卢旺达首都基加利的芝密达兰哈德植物园内,便会听到一阵阵连接不断的"哈哈"笑声。令人迷惑的是,只能听到笑声,却无法看到发出笑声的人。

其实,这种连接不断的笑声根本就不是人发出来的,而来自于一种奇特的树。因为它能发出笑声,当地人都称它为笑树。这种笑树是一种小乔木,树干呈深褐色,叶子呈椭圆形,株高约7~8米。

它的枝杈间长有一种皮果,形状像铃铛。皮果内生有许多小滚珠似的皮蕊,能在皮果里滚动。铃铛样的硬皮坚果的果壳既薄又脆,皮果的壳上长了许多斑点状的小孔,每当有风吹来,果皮就会迎风摇动,壳内的皮蕊也会随着滚动,当与那些既薄又脆的外壳相互碰撞时,就会发出"哈哈"的响声,像极了人类的笑声。风越大,它的笑声就越高。

爱吃醋的树

树也会吃醋,说来很难让人相信,但这却是事实。英国生物学家迈森,就遇到过这样的事,这棵树在"吃醋"后,还对它的"第三者"进行了"报复"。

迈森在自己的屋里种了一株榕树,他很喜欢它,一连好几年,他每天都会给它以精心的照料。后来,迈森结婚了,对于这株榕树来说,迈森夫人竟成了屋里的第三者。没过多久,她就得了以前从未得过的好几种怪病,怀孕后,她又得了严重的中毒症,大夫费尽心机也没能保住胎儿。幸好迈森隐隐约约猜到了原委,同时,把榕树移到了温室里,夫人的病很快就好了,一年之后,还生了个大胖小子。这是有文献记载的植物"吃醋"的例子。榕树容不得主人分心,就释放只对女主人起作用的毒素。

俄罗斯有谚语说:"屋里养花,男人离家。"这是有一定道理的,因为家里给花草浇水上肥的,一般是女主人,花草就把她同积极因子联系在一起。而男人对花草一般不感兴趣,有时还祸害它们,在花根上摁灭烟头,把花盆当烟灰缸使,引起花草反感。它们当然不会对你又打又骂,但释放有害化合物是它们的拿手好戏,而在居室植物中,对男子最不利的便是常春藤。

有几种仙人掌会释放出生物碱,而大脑对生物碱会有反应,产生嗜酒念头,因此这些仙人掌可能使贪杯者变成不可救药的酒鬼。西红柿可能成为失眠的原因,如果把西红柿植株放在卧室里过夜,又忘了给它浇水,它就会释放"清醒剂","提醒"人它渴了。一般来说,容易加剧失眠的居室植物有虎尾兰、常春藤和玫瑰,容易使人心绪平静的有天竺葵和老鹳草等。

会流血的树

一般来说,树木在损伤后,流出的树液是无色透明的。当然,有些树,如橡胶树、牛奶树等,可以流出白色的乳液,但能流出"血"来的树,恐怕知道的人就不多了。

麒麟血藤

麒麟血藤是生长于我国广东、台湾一带的一种多年生藤本植物。它像蛇一样缠绕在其他树木上。其茎长达10余米。如果把它砍断或切开一个口子,就会有像"血"一样的脂液流出来,干后凝结成血块状的东西。不要小看这些"血块",它们可是很珍贵的中药,其中含有鞣质、还原性糖和树脂类的物质,可治疗筋骨疼痛,并有散气、去痛之效,中医学称其为"血竭"或"麒麟竭"。除茎之外,它的果实里也含有这种血一样的脂液。

龙血树

龙血树属于百合科乔木,是我国西双版纳的热带雨林中生长着的一种很普遍的树,当它受伤之后,会流出一种血色的液体,待其干后,也能凝固成"血块",且在中药里也称为"血竭"或"麒麟竭",与麒麟血藤所产的"血竭"具有同样的功效。古人还用龙血树的树脂做保藏尸体的原料,因为这种树脂是一种很好的防腐剂。

胭脂树

我国云南和广东等地还有一种能流出"血"来的树,这种树被当地人称作胭脂树。这种树除了枝干能流出血来以外,其种子也有鲜红色的肉质外皮,可做红色染料,所以又得名"红木"。不仅如此,它的种子还可入药,具有收敛退热的作用。而树皮坚韧,富含纤维,可制成结实的绳索。奇怪的是,如将其木材互相摩擦,还非常容易着火呢!

可爱的"鸡蛋树"

见到一棵树上挂满了红彤彤或黄澄澄的果实时,人们肯定会感到十分欣喜。但如果见到一棵树上挂满了鸡蛋,那肯定是十分有趣的事情。不要觉得这不可能,南美洲的巴西还真有这样一种挂满了"鸡蛋"的树,样子十分可爱。

这种鸡蛋树又名紫黑西番莲,是西番莲科的一种多年生木质藤本植物。因它结出的果实形状、大小、颜色都与鸡蛋完全相似,因而得名"鸡蛋果",这种树也被称作"鸡蛋树"。

鸡蛋树树高5~8米,全株无毛。其枝粗壮肉质。叶互生,常聚集于枝端,长圆状倒披针形或长椭圆形,长20~40厘米。其花萼裂片小,不张开而压紧花冠筒;花冠外面白色而略带淡红色斑纹,内面黄色,芳香。开花期一般为每年的5月到10月。鸡蛋花分两种:一种因花心为蛋黄色叫黄鸡蛋花,人们喜欢将它串成花环献给贵宾;另一种因花呈红色叫红鸡蛋花。

鸡蛋树

鸡蛋树喜欢高温高湿、阳光充足、排水良好的环境和酸性的土壤;它生性强健,能耐干旱,但畏惧寒冷。适宜生长的温度为23℃至30℃,在夏季能耐40℃的极端高温,如果气温低于15℃以下,植株便开始落叶休眠,直至来年4月左右才开始苏醒。

叫人垂涎的"奶树"

有的树切开后,能流出清澈的汁液;有的能流出血色的液体,如龙血树、胭脂树等;有的则可以流出乳白色的浆液,如漆树等,这些乳白色的浆液大多都是上好的工业原材料。除此之外,还有一些树木流出的乳白色浆液就像牛奶一样,有的是用于"哺育"它们的后代,而有的则可以供人类食用。

摩洛哥奶树

在摩洛哥西部的平原上,有一种可以分泌乳汁,并会给"子女"喂奶的树,当地人称它为"蓬尹迪卡萨里尼特",翻译过来便是"善良的母亲"的意思。

这种母亲树全身都呈赤褐色,树高约3米左右,它的叶子又厚又长,花朵是一个洁白的球,十分美丽。花球凋零之后,会结出一个椭圆形的奶苞,在苞头的尖端生长出一种像椰条那种形状的奶管。奶苞成熟后,奶管里便会滴出黄褐色的"乳汁"来。我们都知道大部分植物都是通过种子来繁殖后代,可它却不用种子,而从树根上萌生出小奶树。在大树的周围,有许多丛生着的幼树。有趣的是,当大树的奶汁滴在这些小树的狭长的叶片上时,小树就靠"吮吸"这些乳汁生长发育。小奶树长大后,大奶树就自然从根部发生裂变,给小奶树"断奶",并脱离小奶树。这时,大奶树分离部分的树冠也随即开始枯萎,让小奶树接受阳光和雨露。但它分泌的奶液不能供人类食用。

南美洲奶树

虽然摩洛哥奶树的乳汁不可食用,但南美地区还有一种奶树流出的汁液,却是一种富含营养的饮料,可与最好的牛奶媲美。当地居民称它为"木牛"。这个古怪的名字缘于此植物树液的味道酷似无脂牛奶,可供居民食用。

这种牛奶树是生活在南美洲亚马孙河流域的热带森林里的一种灌木或小乔木,身高约3~5米。整株植物都具有乳汁。只要用刀割开其树皮,就会流淌出白色乳汁,其色、味与营养成分都跟牛奶相似。而且刀口很快就愈合,树不会受到太大的损伤。

可怕的 "吃人树"

其实,世界上吃食动物的植物便有500多种,现在我们就来介绍几种"吃人树"。

"最凶猛的植物"

奠柏生长在印度尼西亚爪哇岛,据说它的汁液可以在很短的时间内腐蚀掉一个人的身体。因此,被人们称为"最凶猛的植物"。

奠柏树树高8~9米,树上长着很多长长的枝条,枝条垂贴地面,有的像快断的电线,风吹摇晃。不管是动物还是人,只要不小心碰到了它,树上所有的枝条就像魔爪似的向同一个方向伸过来,把"食物"卷住,而且越缠越紧,即便是老虎、大象这样凶猛的动物都无法脱身。紧接着树枝会分泌出一种黏性很强的胶汁来消化被捕获的"食物",动物粘着了这种液体,就慢慢被"消化"掉,成为它的"高级营养品"。当奠柏的枝条吸完了养料,又会展开恢复原来的样子,再次布下天罗地网,准备捕捉下一个"猎物"。

凶猛的奠柏,也浑身是宝,它的树汁便是制作药物的宝贵原料。当地人摸清了它的"脾气",每次采集汁液之前,都会用鱼先将它喂饱,然后抓紧时间进行采集。

缠人的"蛇树"

"蛇树"是生长于非洲马达加斯加岛的一种会吃人的树。树高3～4米,树干呈圆筒状,枝条像蛇一样,因此得名"蛇树"。

蛇树具有超强的敏感性,鸟儿要是不小心落在它的枝条上,很快就会被它抓住迅速吃掉。美国植物学家里斯尔曾在1937年亲身感受到蛇树的威力:他无意中一只手碰到树枝时,手很快就被缠住,结果费了很大力气才挣脱出来,但手背上被拉掉一大块肉。

阿富汗的吸血树

在阿富汗还生长着一种会吸血的树。这种吸血树高约2米,树干粗10厘米左右,长相颇为古怪。更要命的是,无论是人还是动物,只要碰到它的叶子,就会被牢牢粘住,直到把血液吸光为止。

罕见的"拍手树"

在我国湖北省西北部神农架林区就生长着一棵举世罕见的"拍手树"。

在神农架保护区内,除了被列为国家保护对象的金丝猴等20多种珍稀动物外,还有植物2000余种,它不仅是湖北省的重要林区,也是我国自然封闭较好的原始林区。而在林区内,生长着一棵举世罕见的"拍手"树,十分奇特。这棵树位于一座古老的残垣断壁的土地庙前,树高3米左右,和茶杯一样粗,枝叶繁茂,四季常青,整个树身呈倒立伞状。你只要对着它唱歌,树叶就会像人鼓掌般拍起"手"来。如果唱的歌悦耳动听,它就会拍得快,叶声也特别响亮;倘若唱的歌音色不美,节奏不和谐,调子低沉悲怆,它便向你有礼貌地轻轻地拍一拍叶子,而且慢得很,几乎听不见叶子拍动的声音;没人唱歌时,它便呈羞女状。

醉人的"酒树"

在非洲中部和东部有一种名叫休洛树的罕见树种,它可以常年分泌出香味馥郁、含有酒精的液体,在树下经过的人,也会闻到阵阵扑鼻酒香。只要在树上挖个小洞,美酒就会源源不断地流出。因此,当地人都称它为"酒树"。当地蒲拉拉族人常常邀朋约友,带上下酒菜,便可以坐在树下取酒畅饮。

无独有偶,在日本的新泻县城川村里也有一棵罕见的"酒树",它的长相很像杉树。它流出的白色液汁,好似芳香醇浓的美酒,喝起来略带苦味。

此外,人们还在坦桑尼亚的蒙古拉大森林中,发现了一种能产出醇厚芳香的美酒的小青竹,当地居民为之取名"酒竹"。若想喝此竹酒,只须把竹尖削去,再把酒瓶放置好,几个小时之后,瓶子里便装满了乳白色的竹酒。据检测,这种酒酒精含量在30度左右,不仅味道醇正,芳香扑鼻,清香可口,而且有解暑清心、消烦止渴和强身健胃的作用,是不可多得的佳品。因此,它深受当地人的喜爱。

会结面包的"面包树"

在南太平洋岛屿上,一些居民在自己住宅的前前后后都种上了面包树。据说,一棵面包树所结的面包果就能养1~2人。在面包树的面包果成熟的时候,人们只须将从树上摘来的成熟硕果放在火上烘烤,待烤至黄色时,就可以吃了。

当你用手掰开烤熟了的面包果时,乳白色果肉发出的阵阵香味扑鼻而来。这种烤制的"面包",松软可口,酸中带甜,其风味很像商店里出售的面包。你千万别小看这种天然"面包",它的食用价值还挺高,可与山芋相比。它含有大量的淀粉、少量的脂肪和蛋白质,还有丰富的维生素A和维生素B。面包果除了可以直接烤食外,还可以用来制做果酱或酿酒。

这种面包树引起了植物学家们的浓厚兴趣。

面包树

其实,面包树是一种四季常青的乔本植物,高约10米,树干粗壮,枝叶繁茂。它的叶子很大,羽状深裂。它的叶子是一种天然的艺术品,叶子基部绿色,中间黄色,叶尖绛红,当地居民常常用它的叶子编织成自己喜爱的漂亮帽子。

面包树的花单性,雌雄同株,雄花序呈穗状,雌花呈圆球形,它的雄花和雌花序都是分别从叶腋长出。圆球状的雌花序成熟时就是可口的面包果。这种果是一种聚花果。面包果的大小不一,小如柑橘,大似足球。

面包树的结果期还特别长,从头年11月一直可以延续到次年7月,长达9个月之久。一棵面包树在一年之中分批结果,依次成熟,它可以在1年之中向人们无偿地提供3次成熟的面包果。每棵树可以向人们提供面包果60~70年。

奇怪的"光棍树"

但有一种树一年四季都看不到一片叶子,人们都叫它"光棍树"。

光棍树属于大戟科灌木,树高4~9米,这种树全树上下看不到一片绿叶,只有许多绿色的圆棍状肉质枝条,光滑又富有光泽,看起来好像是用绿玉雕琢成的,所以它还有两个别致的名字——"绿玉树"和"绿珊瑚"。

　　光棍树原产于东非和南非。由于那里的气候炎热、干旱少雨,蒸发量很大。在这样严酷的自然条件下,原来有叶子的光棍树,为了减少体内水分的蒸发,适应生存的环境,它只好让叶子越变越小,并逐渐消失,终于变成了没有绿叶的光棍树。光棍树虽然没有绿叶,但它的枝条里含有大量的叶绿素,能代替叶子进行光合作用,制造出供自己生长的养分。

　　如果把光棍树种植在温暖潮湿的地方,它不仅会很容易地繁殖生长,还可能会长出一些小叶片。生长出的这些小叶片,可以增加水分的蒸发量,从而保持体内的水分平衡。

　　别看光棍树外表美如绿玉,它体内的白色乳汁却含有剧毒。这种毒素是光棍树自我防护的一种武器,它能够抵抗病毒和害虫的侵袭,从而起到保护树体的作用。无论是观赏和栽培都须特别小心,千万不能让乳汁进入人的口、耳、眼、鼻或伤口中。但有关实验表明,光棍树的乳汁含有大量的中碳氢化合物,是很有开发价值的石油植物。

神奇的"海椰子"

　　神秘的塞舌尔群岛位于马达加斯加岛东北浩瀚的印度洋上,那里风光旖旎、花香袭人,是世界大洋中唯一的花岗岩群岛。在其首都维多利亚的植物园里就可以看到海椰子树美丽的身姿。

　　海椰子树是一种富有神秘色彩的树种,植物雌雄异株,它们像一对对热恋的情侣,雄树和雌树总是深情款款、温柔缱绻地并肩生长,它们扎在地下的根更是怕失去对方似的牵牵连连地缠绕在一起。雄树像一位高大挺拔的男子,最高可达 30 多米,一般比雌树高出 5～6 米。母树则像一个美丽婀娜的姑娘亭亭玉立于雄树的身旁。如果其中一棵被砍伐,另一棵就会悲壮地"殉情而死"。因此,塞舌尔居民称它们为"爱情之树"。

　　海椰子树生长极其缓慢,要等到 25 年后才能结果,果实也要经过 7 年的风吹雨打才成熟。海椰子树的生命力是罕有的旺盛,可活 1 000 多年,并能连续结果 850 年以上。那些挂在树上的海椰子果实每个都重达二十几公斤,呈墨绿色,并分雌雄两

海椰子树

种:雄椰子树的果实呈长棒形,而雌椰子的果实呈骨盆形,无论是形状还是大小都容易使人联想到人的身体。所以,塞舌尔当地的很多公厕门上都画着雄、雌海椰子,以表示男女,十分形象,颇具特色。

待果实完全成熟以后，坚硬的白色椰肉是上等的补药，果核是贵重的工艺品原料，椰子汁味道醇美，是酿酒的好原料，还能治疗中风，叶子可制席、织帽和作为建筑材料。海椰子树非常珍贵，是生物保护对象之一，塞舌尔将其誉为国宝。

不畏火烧的"英雄树"

都说"真金不怕火炼"，你可曾听说树木不怕火烧的？这些不怕火烧的树可以算得上是树木中的英雄了。

水瓶树

水瓶树生长于非洲南部地区，它高大粗壮，主干高达几十米，直径2米多，远看酷似一个巨大的啤酒瓶。此树除"瓶口"有稀少的枝条树叶外，其他别无分枝。所有的水分集中储存在树干里，藏量可达一吨左右，所以水瓶树既不怕干旱，也不怕火烧，即使附近的灌木丛林都烧光了，它依然如故，最多只是毁损一些枝条树叶。第二年雨季一到，它的枝叶便又会长出来。

纺锤树

纺锤树

纺锤树生长于旱季特长的南美洲巴西东部和澳大利亚。由于此树只长稀疏的几根枝，远看既像一根大萝卜，又像一个大花瓶，所以又称"瓶子树"或"萝卜树"。纺锤树高达30米，两头尖细，中间膨大，最粗的地方直径可达5米，里面储水约2吨。雨季时，它吸收大量水分，储存起来，到干季时用来供应自己的消耗，也可供当地人在旱季和有火情时急用，人们只要在树上挖个小孔，清新解渴的"饮料"便可源源不断地流出来。因此，它素有"植物水塔"、"消防水桶"的美誉，是巴西的珍奇树木之一。

喷水树

生长在澳大利亚西部特贝城境内的喷水树，可以称得上是消防树中的佼佼者。这种树之所以能喷水，全凭借粗壮繁密的树根。它们犹如一台台安装在地下的抽水泵，而粗壮的树干就成了储水罐。万一附近有火情，消防人员只要在树干上挖一个小洞，树干中的水就像自来水一样自动喷出，供人们应急灭火，可谓天然的消防车。

第二章　奇妙的动物世界

　　动物世界里,发生着各种各样我们闻所未闻的故事,有着许许多多我们想揭开的神奇奥秘:动物之间是如何联络的? 动物为什么要冬眠? 远古世界的霸主恐龙为什么会突然消失? 鸟类迁徙为何不迷航? 孔雀因何开屏? 斑马身上怎么会有条纹? 雄海马如何怀孕生子……

动物之间的联络信号

　　世界上的任何生物都有它的生活群体,哪怕是那些喜欢独来独往的动物也不例外。那么,在所有的接触过程中,动物之间是靠什么来传递信息和进行沟通的呢?

视觉信号

　　在动物界,视觉信号是十分普遍的一种联络方式,具有简单、准确、迅速等优点。视觉信号的形式比较广泛,如雄性驯鹿头上硕大的犄角、草原上雄性狮子颈部漂亮的长鬃毛,这些动物的外表特征都是向雌性同类发出的视觉信号;青蛙在草丛中呈现碧绿的体色,而潮湿土堆边的青蛙却是泥土的颜色,它的保护色往往是通过散布错误的视觉信息来迷惑天敌或猎物的;而孔雀竖起美丽的羽毛,可能是在向雌孔雀示爱,或是在向同种雄孔雀示威,也许是在向人们发出警告,它那五颜六色的羽毛其实就是它展示自己、吓唬敌人的武器。

　　视觉信号的形式还包括动物们的肢体语言,如猎狗在主人面前常常俯首帖耳、摇动尾巴,一副顺从的模样;而面对对手时,它就会头部前伸、前肢前趴、身体下伏、后肢蹬地、露出牙齿、两耳竖起以示对对方的威吓;雄蝾螈在向雌蝾螈求爱时,会表现出一个相当复杂的仪式:将最漂亮的体色显现出来,向着雌蝾螈的方向用尾巴拨动水流,并且水中带着雄蝾螈身上一种特殊的气味。

听觉信号

　　听觉信号也是动物界里常用的一种联络方式。因为声波可以绕过障碍物传播,发声的频率多样组合又为各种信息的传递奠定了基础。同样的发声器官只要作出轻微的调整就能产生一系列的声音,具有很强的灵活性,所以声音的传播不受白天黑夜的限制。法国生物学家就做过一个有趣的实验:他们在一村子的周围记录下了乌鸦的种种叫声,并经过反复实验观察,从中找到了两种声音的组合:一种是"警报"声,它可以使聚集的乌鸦迅速散开,并快速飞离;另一种则是"召集",可使之聚集。然后他们开着放音车在村子周围移动,通过播放其中一种乌鸦的叫声,终于解决了该村长期困扰村民的乌鸦问题。

动物发声的方式也是多种多样的,哺乳动物依靠喉管、鸟类依靠鸣管、昆虫往往依靠翅膀的振动,而青蛙却依赖声囊发声。

当然,在动物世界中有一些动物是依靠超声波来进行通信与捕食的,如人们熟悉的蝙蝠和海豚,就是利用超声波来进行联络的。

化学信号

化学信号是动物通过释放一些化学物质来影响或控制其他动物的行为方式。如被人抓住的老鼠会撒出尿来,如果你以为这是老鼠被吓得"屁滚尿流",那就错了。其实,这是老鼠向伙伴发出的"此地危险"的信号。

动物释放化学物质,不仅影响其他同类的行为,还能影响生理的改变。如蜂后分泌出来的"蜂王浆",能抑制其他工蜂卵巢的发育。另外,释放化学还是动物维持群体秩序的重要手段。如在蚂蚁群中,蚁后不能养活自己,但它可以分泌一种外激素来引诱工蚁,使工蚁积极喂养蚁后。蚂蚁的卵和幼虫也能分泌一种物质以诱使工蚁给予照顾。蚂蚁幼虫的生活需要一定的条件,当湿度变小,它们便停止分泌外激素,而工蚁会很快地将其转移到潮湿的地方,这样幼虫便能重新分泌对工蚁来说堪称"美味佳肴"的化学物质了。

触觉信息

触觉信息也是一种相当普遍的联络方式。对于视觉能力有限或生活在无法利用视觉通信环境中的动物来说,触觉通信往往是一种重要的传递信息的方式。

例如,某些生活在深海区域的鱼类,由于光线很弱,视力退化,但它们往往具有非常发达的鳍刺和触须,上面布满了敏感的神经,在水中游动时,它们可以感知水流的变化,寻觅与捕捉猎物和接收信号;雄蜘蛛想要进行交配必须到网上寻找对象,上网前雄蜘蛛会做出一种类似于"拨弦"的动作,拨动网丝发出一定的振动,据此雌蜘蛛可以判断出是猎物,还是求爱对象;而在猴子的社会中,猴子们常会彼此相互梳理毛发,这其中既有母猴出于对幼猴的怜爱,又有出于对猴王的奉承,当然还有猴王嚣张的戏弄。

动物尾巴的妙用

地球上约生活着 150 余万种动物,大部分动物的身后都长着一条尾巴,而且这些尾巴长短不一、形状各异。不要以为尾巴长在动物的身上只是一种装饰或摆设,它在动物的生活中能起到很多我们意想不到的妙用。

当做武器

牛、马、驴和骡的尾巴具有奇妙的甩打功能,夏日牛虻、蚊子叮咬时,便可用尾巴把这些毒虫轰走。鳄鱼除了锋利的牙齿外,还会把尾巴当做武器。生活在热带地区的非洲鳄,见到牛、羚羊、鹿等动物在河边饮水时,便突然将尾巴一扫,把这些动物打入河里,然后张开大嘴,饱餐一顿。

平衡身体

看草原上奔跑的骏马,它的尾巴向后飘逸,神气极了。在奔跑时,马的尾巴起了很好的平衡作用。

牛也可以把尾巴当做平衡器,长长的尾巴,末端长着丛生的毛。当它奔跑时,尾巴竖起,起着平衡身体的作用。

而猫在爬树上墙时,也是利用尾巴左右摇摆以保持平衡。在捕鼠时,可以靠尾巴的晃动积蓄力量,增加捕鼠的准确性。

袋鼠的尾巴不仅能保持身体远跳时的平衡,而且在休息时和两条腿形成三角形支撑,可以坐得稳当;当两只袋鼠打架时,则用尾巴支撑身体,空出后脚来踢打。

狐狸的尾巴大而蓬松,在跳跃、急转弯时也可用来稳定身体的重心。

狐狸的尾巴

储藏营养

绵羊把尾巴当成是营养的储藏库,当食物充足时,它会把脂肪储藏在厚实肥大的尾巴里;而在青黄不接时,它又能靠尾巴里的脂肪渡过饥荒。

鸭嘴兽那毛茸茸的尾巴也具有这样的作用,里面积蓄着很多脂肪。当冬季来临时,充满脂肪的粗尾巴能帮助它御寒,并提供必需的营养。

表达心态

用尾巴表达心态和感情的主要是狗,如它在主人面前摇尾巴是表示亲昵;而在两狗相斗时,败者便会神情沮丧地夹起尾巴逃跑。

交际信号

美洲松鼠在合力对付蛇时,用尾巴来传递信息。尾巴猛挥三下,表示总攻开始;挥两下,表示继续进攻;挥一下,表示停止进攻。此外,它们还用尾巴的不同摆动状态来表示威胁它们生存的蛇的种类、大小、距离和运动方向。

鹿的尾巴又小又短,然而它却是重要的报警器。当危险临近鹿群时,首先发现敌害的鹿会竖起尾巴,露出下面的亮点,向同伴发出警报。

控制方向

鱼和鸟的尾巴主要是用来控制方向。鱼在水里是靠尾巴的左右摆动得到水的反作用力向前行进的,鱼的尾巴还能起到舵的作用,在游动时控制方向;鸟的尾巴长着又长又宽的羽毛,展开像一把扇子,能灵活转动,从而掌握飞行方向。

当工具使用

老鼠又细又长的尾巴,是它的散热器官。另外,还可用来偷。偷油时,它用四肢攀登板壁,再把尾巴插进油壶拉出来,然后把尾巴弯进嘴里慢慢享受。

狐狸的尾巴毛茸茸的,又大又长,冬季睡觉时用它来暖身子;走路时用尾巴扫掉足迹,使追赶的敌人无迹可寻。

最有趣的是猴山上的猴子,尾巴是它的"第五只手"。猴子利用尾巴在树上蹿来蹿去,有时又用尾巴获获食物。

帮助逃命

兔子的尾巴很短,不要小看了它的短尾巴,它能在紧急情况下帮助兔子逃命。当兔子被猛兽咬住时,兔子立刻使用"脱皮计",将尾巴的"皮套"脱下,从而赢得逃命的时间。

动物冬眠的奥秘

动物的冬眠,一直以来都受到相关科学工作者的广泛关注。

人们研究动物冬眠,主要是针对热血动物。动物冬眠只是动物休眠的一种形式,此外还有夏眠、日眠和夜眠等。动物冬眠一般从当年 10 月或 11 月开始,直到次年三四月份,其间每 3 天或 3 星期中断一次,以便能进食,排泄大小便,这叫休眠周期。

冬眠时,动物体内会发生一系列生理变化。心脏:跳动缓慢,心脏的功能大大降低;肺:呼吸减慢,一次呼吸最长达 10 分钟;肾:产生的尿量很少;性生活:在冬眠前就完全停止,在冬眠沉睡时期又慢慢恢复,只有蝙蝠例外;脑:冬眠中骨髓仍在工作着,中脑代替间脑成为热调节器的变化中心。

动物的冬眠受自然条件影响最大。外界刺激越多,内部本能的适应能力越强。首先,外界温度对动物冬眠有重要影响。当周围环境温度在 5～10℃时,最易引起冬眠。其次,食物的缺乏是促成冬眠的因素。对于鸟类,一般只要限制食物或者让它饥饿,它就会立即进入昏睡状态。最后,光也是引起冬眠的重要外界条件。如果光线时间减少或昏暗时,动物便很快开始冬眠。

从根本上来说,动物要度过冬眠,取决于其两种适应能力。其一,适应物质变化的全部过程,能在温度极低的情况下度过来,并能迅速地复苏;其二,必须有很高的制造热量能力,一种是抖动肌肉生热,另一种是通过化学热调节器发挥作用。

科学家研究发现,冬眠动物有一种特有的组织——褐色脂肪组织。它从颈部延至脊髓,具有产生热量、保护动物安全过冬的能力。这一组织在冬天会慢慢地被消耗掉,到第二年夏天和秋天时又被重新制造出来。

动物之间的浪漫爱情

在动物王国里,每一种动物都有自己奇特的求爱方式。事实上,它们的求爱方式非常奇妙有效。

沼泽地上的舞蹈家

鹧鹕求爱

在北美洲,沼泽地上的鹧鹕在婚恋时,跳着芭蕾舞蹈,雄鹧鹕在雌鸟面前有节奏地弯着颈项,整刷着羽毛,它一直重复地表演它优雅的动作,目的是想赢得她的芳心,而雌鸟蹲伏在巢上,饶有兴趣地欣赏它的表演,舞蹈接着开始了,雌鸟从巢内走出来与雄鸟对舞。这时,雄鸟也许会向它的"心上人"献上一条鱼或一根水草,有节奏地把喙伸到湖面上,点来点去,假如那只雌鸟接受对方献的殷勤,她会以同样的方式来应答它。然后双双贴紧胸膛,在水中向上挺身而游,随即进入芭蕾舞高潮,它们双双踏水急冲前进约 30 米远,然后钻到水下,一会儿钻出水面,反复表演着这种舞蹈,最后交尾,共筑新家。

鞠躬求爱的珠颈斑鸠

珠颈斑鸠在婚恋时,雄鸟围着雌鸟转,雄鸟每走几步,鞠一次躬,边走边低头鞠躬,而且鞠躬的次数越来越多,几乎达到每秒钟一次的地步,如果雌鸟飞身上树,雄鸟跟着上树,紧追不舍,有时雄鸟飞向云空,突然猛地合翼翻身,用滑翔的姿态降落在雌鸟身边,重新向她鞠躬不止,也鸣叫不止,直到雌珠颈斑鸠接受它的"求爱"为止。

筑个美丽的家

澳洲的雄性园丁鸟,到了婚期,先用细嫩的枝条筑成一只拱形的巢,在巢窝之前展出它收集来的花、蘑菇、贝壳、果实、骨片、羽毛等,像一个小型展览会,以此招引雌园丁鸟前来,同时站在展览会前发出悦耳的鸣叫声,"邀请她光临",这些筑巢、展出的活动,无非是博得雌鸟的注意和好感而已,如果对方接受它的"邀请",就结成伴侣,产卵、孵育后代。

恐龙灭绝之谜

在两亿多年前的中生代,又被称为"爬行动物时代"。当时大量的爬行动物在陆地上生活,大地第一次被脊椎动物广泛占据。那时的地球气候温暖,遍地都是茂密的森林,爬行动物有足够的食物,逐渐繁盛起来,种类越来越多。因为恐龙是所有爬行动物中体格最大的一类,所以成为统治地球的霸主。但在6 500万年前,仅在数月之内它们便全部灭绝了,其速度之快令人咋舌。之所以会出现这样的现象,至今众说纷纭。

陨星碰撞说

在所有的观点中,陨星撞击地球一说,最具有权威性。这一观点认为,恐龙的灭绝和6500万年前的一颗陨星有关。当时有一颗直径为7～10千米的小行星坠落在地球表面,引起一场大爆炸,把大量的尘埃抛入大气层,形成遮天蔽日的尘雾,导致植物的光合作用暂时停止,造成了恐龙的灭绝。

霸王龙

这一理论的推出,很快获得了许多科学家的支持。1991年,在墨西哥的尤卡坦半岛发现一个发生在久远年代的陨星撞击坑,这个事实进一步证实了这种观点。这种观点似乎已成定论。

但也有许多人对"陨星撞击"论持怀疑态度,他们认为蛙类、鳄鱼及其他许多对气温很敏感的动物都顶住了恶劣环境而生存了下来。如此庞大的恐龙又怎么会因此灭绝呢? 显然,这种理论无法解释恐龙的单独灭绝问题。

基因衰败说

有科学家认为,恐龙的灭绝可能和其内在的基因有关。因为任何一种生物种类在地球上的存活都有着特定的周期性,没有哪种动物一经发生便会无限期延展下去,只要过了一定的生命周期后,就会由于其自身遗传机制方面所存在的问题而自行消亡。

也有相关事实证明,在地球上称霸1.6亿年的恐龙家族早在所谓的大灾变之前就已经"家道中落"。因此,恐龙生存体制和生命机制的彻底衰败是恐龙遭致自身淘汰的根本原因。

繁殖受阻说

还有科学家认为,恐龙的灭绝是因为它们的繁殖受到了阻碍。侏罗纪时期是恐龙繁盛的时期,那个时期,雌雄恐龙的生殖能力都很强,大量的受精蛋均能孵化出恐龙来,现存的大量侏罗纪时期的恐龙骨骼化石而未见恐龙蛋化石的情况就是最好的例证。而到了晚白垩纪,雌性恐龙的生殖功能仍较强,但雄性恐龙却出现了生殖方面的障碍,使得大量的恐龙蛋未能受精,于是就出现了大量的蛋化石而骨骼化石则相对十分稀少的情况。而且,从晚白垩纪早期到晚期,地层中的恐龙蛋化石逐渐减少,说明恐龙的生殖功能逐渐衰退,恐龙的数量不断减少,最终灭绝。

憨态可掬的大熊猫

大熊猫是我国的国宝,只栖息在我国的四川西北和秦岭南坡。从栖息地来看,大熊猫主要分布于川西北的深山密林里。此外,只有陕西、甘肃的个别县境内有零星的大熊猫了。据专家估算,所有这些地方栖息的大熊猫,总数也只在1 000只左右。正是由于大熊猫无可比拟的珍稀,世界野生动物基金会在1961年选定大熊猫作为该会的会徽标志。

大熊猫是非常珍贵的,被誉为动物界的"遗老"和珍贵的"活化石"。大熊猫是一种非常古老的动物,有300万年的历史。它曾经在地球上分布很广,和凶猛的剑

齿象是同时代的动物。后来,由于地球环境的恶化,地球的气候越来越冷,进入了
"第四纪冰川"时期,许多动植物都被冻死和饿死了,可是唯有大熊猫却躲进了食物
较多、避风而又与外界隔绝的高山深谷里去,顽强地活了下来。

　　在世界上除了我国有野生大熊猫外,只有极少数几个国家的大型动物园里饲
养着一两只大熊猫,而这些被珍养在动物园中的大熊猫还都是我国作为"国礼"赠
送去的。大熊猫还有不少别名、别号。由于它独产于我国,国外有人称它为华熊;
由于它以食竹为主,有人称它为竹熊;由于它毛色以白色为主,有人称它为白熊;由
于它白色中夹黑,有人称它为花熊。

　　人们发现大熊猫的过程中还有一段鲜为人知的故事呢! 1869 年,法国的一位
传教士戴维来到中国。这年 3 月在四川省宝兴县的一户农民家里看到一张兽皮,
这张皮上只有黑白两色的毛。10 余天后这位农民又捕回一只动物,这只动物的皮
与那张皮完全一样,除了四脚、耳朵、眼圈周围是黑色外,其他部位的毛都是白色。
戴维就确认它是熊属中的一个新种。

憨态可掬的大熊猫

　　大熊猫给人的感觉是憨态可掬的,但实际上,大熊猫性情孤独、不喜群居,喜欢
独处,独来独往是它的生活习性之一。即便是雌性大熊猫在产仔后,对幼仔大约也
只带领上一年左右的时间,母子也就不再结伴而居了。只有在繁殖期到来时,它们
才会去寻找异性伙伴。然而,大熊猫发情期极短,一只成年大熊猫每年也就几天的
时间。雄性、雌性大熊猫发情期不尽相同,而它的择偶性又很强,从不随意结交异
性伙伴。此外,雌性大熊猫每胎只产 1～2 仔,而它又只具备喂养一个小仔的能力,
以上这些因素综合在一起,就使大熊猫极为稀有了。

　　大熊猫以食竹为主,竹笋、竹叶、竹竿都来者不拒,而且食量惊人,一只大熊猫
每天要吃掉 20～30 公斤竹子。但你不要误认为它是"素食主义"者,它也食肉。像

鼠、羊、猪都是它的美味佳肴。一只大熊猫每天要用 12 个小时以上的时间忙于进食,有时长达十六七个小时,但可惜的是吸收得并不多且消化能力差,食物很快就能通过消化道,为了维持生存,它只有不停地吃。由于竹子是大熊猫最好的美味佳肴,这种相对来说较为单一的食物习惯也使得它们的生存能力更低,如 1975 年至 1976 年,在四川北部地区和甘肃南部一些地区发生了大面积的竹林开花枯萎,以食竹为生的大熊猫由于无竹可食,竟饿死了 130 多只。

大熊猫刚刚生下来的幼仔并不"大",其体重仅在 70～180 克之间,但它的生长速度并不慢,到一个月时体重达 1 500 克,半年时则可达 14 公斤左右,而到一岁时更重达 35 公斤左右。

大熊猫以其珍贵而稀有、样子的可爱而受到了人们的喜爱,同时也获得过不少无可比拟的殊荣:在 1990 年举行的亚运会上,大熊猫被定为大会的吉祥物。1984 年第 23 届奥运会在洛杉矶举行,为了给大会增添隆重、热烈的气氛,洛杉矶市政府特地向我国借了一对大熊猫,该市动物园更因此比往年多接待了 100 多万参观者。而参观者大多要排队等上 4 个小时左右,才能与大熊猫见面 3 分钟。1978 年我国赠送给日本的大熊猫"兰兰"不幸病故,1 亿多人口的日本国竟有 3000 万人为大熊猫致哀,日本首相也在哀悼者的行列。这样的发生在大熊猫身上的事例实在是太多了。世界人民这样珍视大熊猫,作为大熊猫故乡的中国人,更应当无比珍爱我国所独有的国宝!

鸟类迁徙为何不迷航

秋天一到,气温逐渐下降,许多北方的鸟类都会成群结队地飞往南方过冬,待到来年春天再返回北方产卵育雏。人们把这种鸟称为候鸟,把它们这种在繁殖区和越冬区之间所进行的一年两次的移居现象称为迁徙。

有科学家认为,这是 10 多万年前鸟类祖先遗传下来的习性:10 多万年前,地球上曾发生过多次冰川。当冰川来临时,北半球广大地区冰天雪地,鸟儿找不到食物,失去生存的条件,就飞到温暖的地方。后来冰川慢慢融化,并向北方退却,许多鸟类又飞回来。由于冰川周期性的侵袭和退却,就形成了鸟类迁徙的习性。

有的则认为,鸟类迁徙是其体内一种物质的周期性刺激导致的结果,这种物质的刺激相当强烈,甚至超出了母性的本能。因此,在这些鸟类中往往可以看到,当迁徙季节来临时,雌雄双亲可以抛弃晚出生的幼雏,而远走他乡。

现在,鸟类的迁徙与外界环境条件的变化和内在生理的变化都有关系。

鸟类的迁徙要飞过漫长的路程,例如,有一种鹬,从前苏联的最北部,一直飞到南美洲的南部去越冬,旅程 1.5 万公里,要飞行 47 天。更让人称奇的是它们总是按照固定的路线来回往返,在这个迁徙过程中它们是靠什么掌握航向的呢? 这个问题至今无统一的定论。

视觉识别说。有的科学家认为,鸟类是通过视觉来识别航向,它们依据地形、地物和食物来辨认和确定迁徙路线。

位置导航说。有的科学家则认为,鸟类在白天迁徙时是以太阳的位置来导航,夜晚则以星宿的位置来导航。

磁场感应说。也有科学家认为,鸟类的迁徙路线是靠鸟类对地球磁场的感觉来确定的。

世界上最大和最小的鸟

人们总是认为鸟儿身轻敏捷,才能在天空自由飞翔。其实,并不是所有的鸟都如此轻灵,有的鸟身体很庞大、很沉重,以至于飞不起来。下面就让我们一起来认识一下世界上最大和最小的鸟。

世界上最大的鸟

世界上最大的鸟是鸵鸟。鸵鸟有三种,即非洲鸵鸟、美洲鸵鸟和澳洲鸵鸟。

非洲鸵鸟是世界上最大的鸵鸟,它主要生活在非洲。雄鸟高达 2.75 米,体重一般可达 100 多千克,最重的可达 156.5 千克,非洲鸵鸟不但个儿高、身体大,而且长着两条长长的腿,如果它跨出一大步,足足有 7 米远,它奔跑的速度每小时可达 40 千米,在沙漠中,一匹骏马也跑不过它。非洲鸵鸟的两条长腿,为它在干旱的沙漠里找水、觅食、逃避敌害提供了很大的方便。

美洲鸵鸟又叫鹈鹕,主要生活在美洲。身高 1.5 米左右,体重则在 60～80 千克之间,比起非洲鸵鸟来就算是个小个子了。

澳洲鸵鸟又叫鸸鹋,主要生活在澳洲。其身高体重和美洲鸵鸟基本一致。

鸵鸟除了个高体大之外,还有一个特别之处——无论雄雌都能孵蛋,这真是十分有趣的事。不过,雄雌鸵鸟有着明确的分工,这个分工主要是由它们羽毛的颜色来决定的,雌鸵鸟的羽毛是灰色的,于是它们就在白天时孵蛋,因为这样在沙漠中不易被敌人发现;雄鸵鸟的羽毛是黑色的,所以夜晚则由它们来接替孵蛋的工作,非常具有隐蔽性。

世界上最小的鸟

世界上最小的鸟叫蜂鸟,生活于拉丁美洲古巴等地,全身长度仅有 5 厘米左右,光是长长的嘴和尾巴就占去 3～4 厘米,体重只有 2 克左右,和蜜蜂差不多,它飞行时也发出嗡嗡的响声,因此得名蜂鸟。

蜂　鸟

不要因为它小便小瞧了它,它的飞行本领和速度可是许多鸟类可望而不可即的。它的翅膀十分灵活,振动的频率也相当快,因此飞行速度快得惊人,而且还能做长距离的飞行。

它还能做类似蜜蜂的工作呢! 在百花盛开的时节,蜂鸟便开始在花丛中忙碌起来,蜂鸟的主要食物是花蜜和小昆虫,它们在花丛中飞来飞去,不仅是为了捕捉小虫子,还是在帮花儿授粉。

如此勤劳别致的动物,想必它的窝也是非常别致的。确实,蜂鸟的窝是用丝状物编织成的,一般筑在树枝上,看上去就像一只精巧的小酒杯。

蜂鸟的羽毛色泽艳丽,人们将它冠以"神鸟"、"花冠"、"森林女神"的称号,美洲的一些国家还将它誉为国鸟。

筑怪巢的犀鸟

犀鸟是一种珍贵而漂亮的鸟类,主要生活在非洲及亚洲南部的热带雨林地区,我国的犀鸟则大多生活在云南西部和南部及广西南部。

犀鸟的嘴就占了身长的1/3或是一半,宽扁的脚趾非常适合在树上攀爬,一双大眼睛上长有粗长的眼睫毛。最古怪的是在它的头上长有一个铜盔状的突起,叫做盔突,就好像犀牛的角一样,故得名犀鸟。而且它们寿命比其他鸟类要长,一般在30~40岁,最长寿的可达50岁。

犀鸟的生活方式十分奇怪。每年春季以后,一对对恩爱的犀鸟,会选择高大的树干上的洞穴筑巢,这些洞穴一般都是白蚁蛀蚀或树木天长日久朽蚀后形成的大洞。它们在"生儿育女"方面也非常小心,它们先在洞底垫上一些腐朽木质,然后铺些柔软的羽毛,产房"装修"完毕之后,雌鸟才开始产卵,每只犀鸟一次产卵1~4枚,色泽纯白。

犀 鸟

　　产完卵后,雄鸟便从外面衔回泥土,雌鸟则从胃里吐出大量的黏液,掺进泥土中,连同树枝、草叶等,混成非常黏稠的材料。然后用它一点点地把树洞封起来,直到把产房门堵上,仅留下一个能使雌鸟伸出嘴尖的小洞。此后,雄鸟便四处奔忙寻找食物,悉心地照顾着妻子的饮食,雌鸟则安心地待在巢里孵化它们的小宝贝。

　　雄犀鸟找来食物后,雌犀鸟便把嘴伸到洞口,享受雄犀鸟嘴中送来的食物。经过 28～40 天的孵化,小犀鸟终于破壳而出。而这时的雌犀鸟才用嘴把洞口啄开,"解禁"出来和雄犀鸟一起哺育雏鸟。经过 6～8 周的时间,小犀鸟们慢慢长大,就可以离开巢穴自己觅食了。

　　这种奇特的育雏方式,主要目的是为了保护后代免受蛇类和其他禽兽的侵害。而关于犀鸟的来历和它们筑巢的特殊方式,还有一个美丽的传说:很久以前,一位叫岩哥的猎人,娶了一位名叫玉罕的美丽妻子,婚后他们十分恩爱。每一次外出打猎玉罕都对他依依不舍,千叮咛万嘱咐,岩哥外出之时也总是对家里的妻子念念不忘,生怕她遇到伤害。后来,他想出了一个办法,每次外出打猎时都把木梯拆掉,大门钉死,以防野兽的袭击。

　　有一次,岩哥又要外出狩猎,而此时的玉罕已怀有身孕。为了保障妻子的安全,岩哥给她准备了几天的食物后,又钉死大门,拆掉楼梯,方才放心地走出了家门。这次外出打猎,岩哥一出手便射中了一只浑身闪耀着金光的金鹿,那头金鹿带箭奔进密林。金鹿经过之处,金光闪闪简直无法辨认东西南北。岩哥追着金鹿冲进密林,也不知走了多久,到了何方。

　　后来,金鹿倏然消失,岩哥发现自己面前是一条陌生的山沟,于是他迷失了方向……他在林子里兜兜转转,一共转了20多天,才沿着一条小路走出了密林。岩哥一归来,便搭上木梯,砍开大门,只见火塘的火熄了,水用干了,肉也吃尽了,美丽的妻子因为饥渴而死在楼上。岩哥悲痛不已，最后用织物把自己和妻子捆在一起，放火点燃了竹楼……

岩哥和玉罕死后，变成了一对犀鸟，比翼双飞，形影不离。但岩哥变成的雄犀鸟仍然不改旧习，当雌犀鸟孕育儿女之时，它仍然要把她关在室内封死大门，以免爱妻受到意外伤害。

孔雀因何开屏

人们常说："孔雀开屏，自作多情。"实际上，孔雀开屏并不是自作多情那么简单。那美丽的屏羽之中，还存在许多鲜为人知的奥秘。

吸引异性

也许你还不知道吧，能够自然开屏的只能是雄孔雀。因为孔雀中以雄性较美丽，而雌性却其貌不扬。

春天是孔雀产卵繁殖后代的季节，也是它们恋爱的季节。此时，雄孔雀身体内的生殖腺分泌性激素，刺激大脑。于是，雄孔雀就展开它那五彩缤纷、色泽艳丽的尾屏，还不停地做出各种各样优美的舞蹈动作，向雌孔雀炫耀自己的美丽，以此吸引自己心仪的对象。待到它求偶成功之后，便与她一起产卵育雏。随着繁殖季节的过去，这种在异性面前开屏的现象也会慢慢消失。

保护自己

孔雀的屏羽之所以美丽，是因为上面的五色金翠线纹，其中散布着许多近似圆形的"眼状斑"，这种斑纹从内至外是由紫、蓝、褐、黄、红等颜色组成。尾屏一旦展开就如同《西游记》中的多目怪一样，冷不防一看，还真是很吓人。所以，孔雀开屏也是为了保护自己。一旦遇到敌人而又来不及逃避时，孔雀便突然开屏，然后抖动它"沙沙"作响，很多的眼状斑随之乱动起来，敌人畏惧于这种"多眼怪兽"，也就不贸然进攻了。

斑马身上怎么会有条纹

斑马属于哺乳动物，因身上有起保护作用的斑纹而得名。斑马是非洲的特产，南非洲产山斑马，除了腹部外，全身密布较宽的黑条纹，雄体喉部有赘肉；非洲东部、中部和南部产普通斑马，由腿至蹄有条纹或腿部无条纹；非洲南部奥兰治和开普敦平原地区产拟斑马，这些斑马仅头部、肩部和颈背有条纹，腿和尾为白色，有深色背脊线；东非还产一种斑马，体格最大，耳长而宽，全身条纹窄而密，因而被人称为细纹斑马。

不同种类的斑马们披着黑白相间的光滑条纹，在阳光照耀之下，非常好看。那些美丽的条纹，除了能够看做是同种之间的识别记号之外？

美丽的斑马

用作适应环境的保护色。无论是在阳光或月光的照射下，斑马身上的黑白颜色可以吸收和反射光线，并且能破坏和分散身形的轮廓。从远处看去，就好似和周围的环境融为一体。即使斑马站着不动，就算是很近的距离，也很难辨别出来。这样一来，就可减少被猛兽侵害的可能。

这种保护色是长期以来自然选择的结果，那些条纹不太明显的斑马因常常被非洲草原上凶猛的肉食动物捕食而逐渐消失，而条纹显著的则可以成功地躲避敌害而生存下来，这种有利于生存的性状也就被一代接一代地遗传下来，终于成为现在的美丽斑马。

螳螂的生与存

螳螂是昆虫的一种，它有一个上宽下窄三角形的头，两只鼓起来的眼睛，又细又长的颈，苗条的身躯披着浅色透明的长翅。它的前足犹如刀斧手高举的大刀，所以又得名"刀螂"。

不要看它长得苗条就认为它很灵活。其实，它的行动很缓慢，动作也有些笨拙。但捕捉昆虫的本领却很高明，它能巧妙地捕食蝉、蝗虫、苍蝇、蝴蝶和蚱蜢等害虫。

螳螂三角形头上那双鼓起来的眼睛，视野就格外开阔。虽然它的眼睛很大，视野也很开阔，不过它的视力却相当差，无论东西远或近，它看起来都模糊不清。对静止不动的东西螳螂是看不见的，只能看到运动着的东西。

螳　螂

螳螂具有准确而又快速的扑击本领主要是因为它有两种可以传递信号的器官。一种是复眼，另一种是颈前的几丛感觉毛。而且它的头可朝任何两侧方向转动。

螳螂的两个很大的复眼是视觉器官，也是特殊的传递器，它能将信号传到大脑，使头部对准捕击对象。当螳螂发现猎物时，它的这两种器官便开始联合行动跟踪猎物，头的转动压缩着一丛感觉毛，由于形状的改变，从细毛传到大脑的是另一种信号。螳螂大脑的神经系统得到两种互有差别的信号后，立即作出决定，双臂应该朝什么方向，用什么速度去袭击。

除此之外，螳螂还有一套不寻常的本领，就是它的颜色会随着周围草木叶子的颜色变化。夏天草丛和树林都是绿色，这时螳螂也是绿色的；秋天叶子枯萎变黄，螳螂也就变成黄褐色了。有的还伴有拟态，与其所处环境相似。这一来不仅便于捕猎，还可以迷惑强敌，保护自己的安全。

螳螂的敌人是某些凶猛的肉食性鸟类；但它若是受了伤，会连小小的蚂蚁都无法应付；还有一种小蜂的幼虫，能寄生在螳螂的卵块里，可使卵块里的卵全部覆灭。

螳螂是肉食性昆虫，它的猎捕对象是各类昆虫和小动物，在田间和林区能消灭不少害虫，因而是益虫。但它生性残暴好斗，缺食时常有大吞小和雌吃雄的现象。尤其是雌螳螂，它可以满不在乎地吃它们的姐妹，好像吃蚱蜢一样。为了繁殖后代，雌螳螂甚至不得不吃掉自己心爱的丈夫。

敢吃大鱼的小鱼

"弱肉强食"是自然界动物生存的法则，"大鱼吃小鱼，小鱼吃虾米"也一直为人们所认可。但在浩瀚无际的海洋世界里,除了有许多吃小鱼的大鱼之外,还有许多弱小的小鱼,它们有着特殊的本领,能让比自己大几百倍的大鱼瞬间毙命。

吃大鲨鱼的小鲨鱼

在海洋世界里,光是鲨鱼就有 350 多种,其中有一种体型很小的鲨鱼,身长仅有 40 厘米,但牙齿却很厉害。这种小鲨鱼极其凶猛,甚至敢于向体重达七八百公斤的大鲨鱼发动进攻,它进攻的方式是咬破大鲨鱼的皮肤,然后进入体内使其致死。

七鳃鳗和盲鳗

形如鳗鱼的七鳃鳗,又名八目鳗,它的特点是嘴呈圆筒形,像吸盘,没有上下腭,口内有锋利的角质齿。它杀死大鱼的方式是先吸附在大鱼身上,将大鱼皮肤咬个洞,然后吸大鱼的血,并分泌出一种防止血液凝固的物质。大鱼由于失血过多,不久便会死亡。它还可以通过啃咬的方式进入动物尸体中进食,甚至可以在里面待上 3 天之久。与七鳃鳗同类的盲鳗,嘴的周围长有 3 对或 4 对触须,它能在大鱼身上咬个洞或从大鱼鳃孔直接钻入大鱼肚内。

头上长角的小鱼

在海洋里还有一种凶猛的小鱼,它的头上长着两只尖角,它能闻到几千米以外的血腥味,嗅觉十分灵敏。当它被大鱼吞食后,不但能死里逃生,还能乘机将大鱼杀死——待进到大鱼腹中后,它就用又硬又尖的双角钻破鱼腹,转眼之间便可从大鱼肚子里钻出,逃之夭夭,而那条大鱼却在疼痛之中慢慢死去。

会放电的鱼

1989 年,法国科学城举办了一次饶有趣味的"时钟"回顾展,一座使用带电鱼放出的电来驱动的时钟,引起了人们极大的兴趣。这种带电鱼放电十分有规律,电流的方向一分钟变换一次,因而被人称为"天然报时钟"。能发电的鱼有电鳗、电鳐、电鲶等。其中"电力"最强的要算电鳐了。

电鳐生活于南美和中美等地的河流中,外形像蛇,体长 2 米左右,体重约 20 公斤。它们常常一动不动地躺在水底,不时也浮出水面呼吸。它是通过"电感"来感受周围环境的变化,一旦发现猎物,就放电将其击毙或击昏,然后饱餐一顿。由于电鳐有这么一手捕杀猎物的绝技,因此被人称为"江河中的魔王"。

那么,电鳐为什么会放电呢?

原来,在电鳐胸鳍的内侧各有一个肾脏形蜂窝状的发电器。每个发电器都是由若干肌肉纤维组成的六角形柱管,管中储存着无色胶状物,通常起着电解质的作用。管内又分成若干小的间隔,每一间隔里有扁平的电极,神经末梢连接的一面为负极,相反的一面为正极。这些电极都是由很小的电化学细胞组成。当电鳐受到刺激时,受神经末梢支配的细胞膜便释放出一种化学物质,改变了细胞膜内外电荷的分布,这样就产生了电位差,继而产生出电流。

电 鳐

电鳐的种类很多,发电量也各不相同,在一般情况下,电鳐可以放出50安培的电流,电压在60~80伏。它们每秒钟能放电50次,但连续放电后,电流逐渐减弱,10~15秒钟后完全消失,但只需要休息一会儿,又能重新恢复放电能力。

后来,人类受电鳐放电特性的启发,发明和创造了可以储存电的电池。人们日常生活中所用的干电池,在正负极间的糊状填充物,就是受电鳐发电器里的胶状物启发而改进的。而早在古希腊和罗马时代,医生们常常把病人放到电鳐身上,或让病人去碰一下正在池中放电的电鳐,利用电鳐放电来治疗风湿症和癫狂症等病。直至今天,在法国和意大利的沿海,还能看到一些患有风湿病的老年人,正在退潮后的海滩上寻找电鳐来为自己当“医生”呢!

会发光的鱼

大约700米以下的大洋深处,被称为“午夜状态”。就是说,这里一片黑暗。可是,在这黑暗中,却有一些会发光的鱼,“提”着自己的“灯笼”游来游去,给黑暗的深海带来星星点点的光亮。鱼类发光给它们带来多方面的作用:一是可以辨别同类,吸引异性;二是吓跑凶猛的进犯者,保护自己;三是引诱小甲壳动物等,为自己提供食物。

自己发光的光头鱼

美国的光头鱼就是自发光鱼。美国的一位生物学家曾在一个夜晚将一个最灵敏的光度计放在距海底 270 米处,发现光头鱼发光的亮度比白天时还要明亮得多。

光头鱼头部背面扁平,全部为一对很大的发光器所盖,好似"探照灯"。它没有眼睛,发光器就能起视觉的作用。光头鱼有一套奇特的捕食本领,人们称它为"奇异的渔夫"。它们常常把自己隐蔽起来,张着巨口等待时机,伸出鳍上的长丝慢慢摆动,丝末端的发光器好像游动的小虾一般。好奇贪吃的小鱼以为是一顿美餐,纷纷追逐而来,刚要去吃,发觉上当受骗,想脱身为时已晚,反而成了光头鱼的一顿美餐。

靠他物发光的闪光鱼

在红海和印度洋的闪光鱼则是"发光鱼"。闪光鱼,也叫"光脸鱼",还叫"灯眼鱼"。它有一层暗色的"眼睑",附贴在发光器的下面,好像电灯开关一样,一会儿上拉,遮住了发光器官,熄了光;一会儿又下拉,露出了发光器官,闪出了光。其实,这种鱼自身并不会发光,是一种滋生在它头部的数以千计的特殊细菌发出的光。这些细菌借着汲取鱼血里的营养和氧气赖以生存,另一方面则散发出光能。所以,即使在闪光鱼死后一段时间,这些细菌仍能继续发光。

闪光鱼只有七八厘米长,它发出的光十分明亮,在水下距离鱼 10 多米处潜水员就能见到它。由于这种鱼的闪光能使潜水员在水底看清手表上的时间,所以潜水员常把它捉住放入透明的塑料袋里,作为水下照明之用。

善于伪装的鱼

在这个"弱肉强食"的自然界中生存,每种动物都有防御敌人的本领。有的善于搏斗、有的善于奔跑,而大多数动物都善于伪装。不但陆地上的动物善于伪装,在浩瀚的海洋里许多动物也具有这种本领。

乌贼

乌贼被称为海洋中的变色龙,它能迅速改变皮肤颜色,让敌人难觅踪影。除了变色之外,它们还会像章鱼一样喷出墨液,并在墨液的掩护下逃离险境。

比目鱼

比目鱼以不对称的身体在海底进行伪装。它的伪装,使过往的捕食者常常对它们视而不见。此外,一些比目鱼还能够改变体色,让伪装行为如虎添翼。

章鱼

在避暑胜地秦皇岛的北戴河海边,能见到一种小型章鱼。它会用全身变成跟周围环境相似颜色和喷出墨液的伪装和掩护的方法,免遭敌人侵害。有时还会使自己变得十分可怕,来吓退敌人。

变色鱼

生活在澳大利亚东北海域中的硬鳍鱼是一种会变色的鱼。它的体色常随周围的海水、淤泥、石子的颜色而变化,有时呈浅绿,有时呈棕色,有时呈蓝色。它靠变色来保护自己的生命,蒙骗那些捕食者。

杜父鱼

杜父鱼喜欢把自己藏起来,更擅长悄无声息地撤离,给对手一个措手不及。它们长有锋利突起的脊骨,能够充当武器,让对手饱受刺痛之苦。

叶形鱼

在巴西的一些河流里生活着一种叶形鱼,它可伪装成树叶。它的身体扁平,呈蓝褐色,头部长有一个叶柄似的吻突,看上去极像一片枯叶,它利用这种伪装逃避敌害,捕捉猎物。

石鱼

石鱼的伪装能力令人叹服,伪装后就像是一块会动的石头。它是毒性最大的水下动物之一,所带的毒素能够导致人休克、瘫痪甚至死亡。厄瓜多尔有一种石鱼,它嘴很尖,头是圆的,身体呈黑色,有细鳞。它的背上有一个硬壳背鳍,占鱼身的1/3。渔民捕到这种鱼,有时会当成石头将它扔回河里,但它一到水中就游着离去了。

会变脸的章鱼

章鱼是很凶猛的动物,它那长在头顶上的8只脚很长,好像8条带子,所以渔民们都把它叫做"八带鱼"。它的特殊之处在于身体里面的墨囊,里面的墨汁也是含有毒素的,章鱼除了用它用来防御和进攻敌人外,还会因愤怒、恐惧、兴奋等情绪变化,就像川剧变脸般在瞬间改变皮肤的颜色和图案,譬如,从碎石黄变为斑驳的褐色,再变为惨白色,又变为深灰色,十分有趣。

章鱼的"变脸"并不是像川剧一样用于表演,也无须花工夫"苦心练习",这是它近乎本能的一种绝活。章鱼的体表隐藏着数十万个色素细胞,紧急之时它可以通过它们来自动地改变颜色和图案。每一个色素细胞都含有黄、橘、红、棕、黑等单一色素,并都由肌肉包围着,当肌肉收缩时,色素细胞便扩张而显现颜色;肌肉放松时,色素细胞又收缩回来,颜色也自然随之消失。然而肌肉由来自大脑的神经控制,不同的情绪产生不同的神经冲动,立刻引起各部位肌肉的收缩与放松,相应的色素细胞随之扩张和收缩,因而产生各式各样的色彩和图案,甚至能改变皮肤的表质,瞬间从平滑变成凹凸不平或颗粒状。这种"变脸"主要是想让攻击者因此感到惊讶,就在对方迟疑的瞬间,章鱼则乘机溜走。

章鱼不只会随情绪而改变体色和表质,更会与时俱变、随环境而变,譬如,它们会模仿周围海藻或岩石的颜色、表质和形状,让它们看起来像一团海藻或一块岩石,迅速融入经过或停留的背景中,与周遭环境浑然一体,这是自然界已知最灵活的保护色。

生物学家曾对章鱼"这种变脸"的变化过程作过研究,并测出其改变速度平均为每分钟 2.95 次,最快的纪录是在 16 秒内改变 11 次。

另外,澳大利亚海洋生物学家,还在印尼海域发现一种特殊的章鱼,它在遇险时可乔装成其他海洋生物躲避祸害,这种章鱼是目前唯一被人们发现的能乔装其他生物的海洋动物。而且它的模仿技巧简直惟妙惟肖,能达到以假乱真的地步。例如,当它被小丑鱼袭击时,便会将它的 8 条腕足卷成一条,扮成海蛇吓退敌人;或者收起腕足,模仿成一条全身长满含有剧毒腺的鱼,让袭击者大掉胃口;再就是伸展腕足,扮成有斑纹和毒鳍刺的狮子鱼,使敌人望而生畏。

雄海马如何怀孕生子

在自然界里,"生儿育女"大多是雌性动物的事情。然而,在海马的族群里,"生儿育女"却成了雄性的光荣任务。雄海马的机体肯定有什么特殊的构造,否则是生不出"小海马"来的。

在雄海马的尾巴前面有一个育儿袋,这是其他动物所没有的。而且育儿袋的前端还有一个与外界相连的小孔。雄海马进入生殖期后,育儿袋会变得肥大,并密布血管。此时,雌海马们会把卵直接产到雄海马的育儿袋中。这样由精卵互相结合形成的受精卵开始在育儿袋内发育。

在发育过程中,胚胎所必需的营养通过育儿袋的血管网和胚胎血管网相互联结而获得,所需要的水分及氧气则是通过育儿袋上的一个个小孔来供给。

雄海马

受精卵最初在育儿袋中经过 20～30 天发育以后，就会形成成熟的"胎儿"。"分娩"之时，雄海马会先将尾巴紧紧攀附在海藻上，然后不断收缩身体肌肉，使育儿袋的口袋张开，小海马便一条接一条地被挤出来。更有意思的是，当第一条小海马钻出育儿袋时，它会用尾巴紧钩住第二条小海马的嘴部，然后把第二条小海马从袋中拉出来。同样地，第二条小海马也会用尾巴紧钩住第三条小海马的嘴部……

一般情况下，雄海马一次就能够"生产"出 1～5 条小海马，整个"分娩"的过程需要 3～5 小时。

爱憎分明的海豚

海豚是一种性情温良、敏感、爱嬉戏、好奇、喜欢交际的动物，它们非常聪明。在海豚王国里，没有强者与弱者的争斗，也没有这一群海豚与那一群海豚的争斗，海豚社会是个充满合作和友爱的社会，它们在水下经常发出充满友好的咕咕声，仿佛在进行友谊的谈话。

对于自己的同类，它们会无私地给予帮助。在一个海豚群中，如果有一只海豚生病或是受了伤，大家就都会悉心地照料它。如果伙伴受伤，它们会立刻游上去，把受伤的伙伴托起来，让它获得呼吸新鲜空气的机会。海豚的善良不只表现在救助同类，它们还多次救助过人类。1972 年曾有过海豚游出 100 多海里，把一名落水妇女托救至岸边的事。

不过，海豚并非对一切都爱，对于伤害同类和人类的动物，它们丝毫也不会客气。有一次，有船员用望远镜亲眼目睹了为解救同类和鲨鱼搏斗的场面：一只小海豚在小安的列斯群岛附近突然遭到三条鲨鱼的袭击，它马上发出"嘘嘘"的呼救声。20 多只海豚闻声马上用嘘嘘声、吱吱声、咯咯声予以回应，并以每小时 40 英里的速度,箭一般地游向出事地点,勇猛地撞击鲨鱼。不一会儿,三条鲨鱼都因身受重伤而沉入了海底,小海豚因此得救。甚至还有一次海船沉没,乘客落入海中,适逢有鲨鱼在落海者附近,而一群海豚恰好游经乘客落水处,海豚就一分为二,一部分勇斗鲨鱼,一部分把落水者保护起来。

海 豚

和其他动物相比,海豚还有一个奇特的功能——发射和接收超声波的能力。它们凭借这种能力,能够准确判别障碍物或猎物的位置;能够与自己的同类互相联系;在求爱时,雄海豚也能凭此与失去联系的女伴接上头。在发射声波时头部的气囊发出频率高低不同的声音,前颚的两个角度气囊随着头部的摆动,向不同方向定向发射。而接受超声波时则有所分工,耳朵接收低频率声波,颚部接受高频率声波。正是由于它有这种高超的发射和接收超声波的本领,它在海洋中高速游动时,也不会碰上障碍物。它的这种避碰的本领,又使得它常能为海轮导航,使海轮避免触礁。据记载,在新西兰近海海域,有一片海礁密集区,在这片海域,曾有过一条白海豚,从 1871 年开始,连续 40 年为海轮领航,直到老死为止。

但海豚也是恩怨分明的。在新西兰中部的夫伦奇巴海峡,暗礁密布,经常有船触礁沉没。有一只名叫"戴克"的海豚义务为各种船只导航,使船只安然度过险礁。但是,有一次,戴克为"企鹅"号海船导航时,船上有个船员竟开枪打中了它。戴克潜入深海,死里逃生。当"企鹅"号又一次经过海峡时,戴克又远远地在暗礁中引路。但是,这一次,它把船引向充满暗礁的地方。不久,"企鹅"号触礁沉没。戴克望着它,随即消失在茫茫的大海中。

童话里的美人鱼

美人鱼的学名叫儒艮,为海生草食性兽类,它的名字是由马来语直接音译而来的。儒艮的分布与水温、海流及作为主要食品的海草分布有密切关系,产于我国的广东、广西、海南和台湾南部沿海。除了我国外,儒艮还分布于印度洋、太平洋周围的一些国家,儒艮属于国家一级保护动物。

从外在形态上来看,儒艮的身体呈纺锤形,长约 3 米,体重 300～500 千克。全身有稀疏的短细体毛,没有明显的颈部,头部较小,上嘴唇似马蹄形,吻端突出有刚毛,两个近似圆形的呼吸孔并列于头顶前端;无外耳廓,耳孔位于眼后。无背鳍,鳍肢为椭圆形。尾鳍宽大,左右两侧扁平对称,后缘为叉形,无缺刻。鳍肢的下方具一对乳房。背部以深灰色为主,腹部稍淡。儒艮多在距海岸 20 米左右的海草丛中出没,有时随潮水进入河口,取食后又随退潮回到海中,很少游向外海。

由于儒艮觅食海藻的动作酷似牛,一面咀嚼,一面不停地摆动着头部,它又有"海牛"一名。从生物学分类上来看,美人鱼虽然叫做鱼,其实它是哺乳动物。儒艮多以 2～3 头的家族群活动,在隐蔽条件良好的海草区底部生活,定期浮出水面呼吸,常被认做"美人鱼"浮出水面,给人们留下了很多美丽的传说。

但是,令人难以想象的是,儒艮不仅形象不美,而且还很丑陋。最难看的是它那像耗子一样的眼睛,鼻孔顶在头上,耳朵无耳沿,两颗獠牙从厚嘴唇边露出,样子十分难看。皮色灰白,身上长着稀稀拉拉的硬刺,实在算不上什么美,但说它是美人鱼,是因为它在生活习性上有和人类相近的地方,就是幼儒艮都是吸吮妈妈的乳汁成长;儒艮的体型也确实有点像女人的地方,它通化了的前肢 —— 胸鳍旁边长着一对较为丰满的乳房,其位置与人类非常相似。所以在它偶尔腾流而起,露出上半身出现在海面上时,真有点妇人模样。

由于美人鱼行动迟缓,虽然常年生活在海中,但水下工夫非常一般,游泳速度只不过每小时 2 海里左右,即便是在被敌人追赶时,逃跑的速度也超不过 5 海里。正因为它能吃但又不愿动,所以养得体胖膘肥,常常成为逐利者的捕杀对象,因为它的油可入药,肉味鲜美,皮可制革。当然,我们不能随便地捕杀它们,因为它们实在是太珍贵了。

海上侦察兵——海蜇

在近岸海域,生长着一些轻柔飘逸的动物,夏秋季节,泛舟海上,在平静的碧波中,常会看到它们身披轻纱,晶莹透明得好像一个降落伞那样地浮游着,这就是海蜇。唐代陈藏器在《本草拾遗》里描写道:"大者如床,小者如斗,无眼目腹胃,以虾为目,虾动蛇沉。"

海蜇没有耳朵和眼睛,但若有风吹草动,它都能感觉得到,这主要是因为很多小鱼小虾(如水母虾、玉鲳鱼等)都甘愿当它的"耳目"。每当敌害接近时,生活在海蜇口腕周围的小鱼小虾,立刻有所察觉,迅速躲进海蜇"家"里去藏起来。海蜇感觉到这些小动物的行动,立即收缩伞部,沉下海去。正因为海蜇庇护了小鱼小虾,小鱼小虾才甘愿为它"站岗放哨"。

海蜇最大的本领就是能感觉海上的风暴,并能较早采取预防措施。原来海蜇能把远方空气与波浪摩擦而产生的次声波转为电脉冲引起感觉。每当它接到信号后,就极早潜入深处,免得被浪涛冲上岩礁。

海蜇是预测风暴的先知,人们常常根据它们的反应来预测风暴,并适时地预防风暴的袭击。对此,科学家们深受启发,根据海蜇的这一特性,设计出一种灵敏的风暴警报仪——水母耳,用以准确地预报海上风暴的降临。后来,人们还把海蜇誉为"海上侦察兵"。

海洋霸主——大白鲨

大白鲨是海洋中的霸主,它凶猛无比。与非洲狮子一样,它雄踞在食肉动物这座金字塔的顶端!

凶猛的海洋霸主

大白鲨又称为食人鲨、白死鲨,是大型进攻性鲨鱼。它身形庞大,却拥有轻盈的软骨骨架,尾呈新月形,牙大且有锯齿缘,呈三角形。因其体大且具攻击性而被认为是"海洋杀手"。

科学家指出,大白鲨的最大体长可达约8米,寿命可长达20年或更长。作为大型的海洋肉食动物之一,大白鲨有着独特冷艳的色泽、乌黑的眼睛、凶恶的牙齿和双颚,这不仅让它成为世界上最易于辨认的鲨鱼,也让它成为几十年来极具装饰性的海洋封面"人物"。

大白鲨

大白鲨广泛分布于世界大部分海洋中,它的主要栖息地是北美、南非和澳大利亚南部海域。在美国,它经常出没于北卡罗来纳州的哈特勒斯角与马萨诸塞州的科德角之间的大西洋沿岸及沿着俄勒冈州到圣地亚哥州的太平洋沿岸。由于大白鲨喜欢单独活动,使得人们很难准确估计它的种群数量。尽管它的分布范围很广,大白鲨的数量很少。

机敏的猎手

别看它们体形庞大,其实每一头大白鲨都是机敏的猎手,幼年和青年时期的大白鲨主要追捕各种类型的鱼。随着年龄的增长,它捕食的范围也逐渐增大,它们的食谱也更趋于丰富多样。当成年时,大型哺乳动物便成为它们的捕食目标。大白鲨具有双重性格,当大白鲨处于非饥饿状态时,它公开悠闲地在其猎物中间游荡,而当它处于饥饿状态时,大白鲨则潜到水底,隐藏在岩石群中,待时机成熟,突然窜出来,从底部袭击猎物。它猎食的对象主要包括鱼类、海龟、海鸟、海狮,与它相似体重的海象、海豹,甚至濒死的巨大须鲸等。

虽然大白鲨十分凶残,但它很少袭击人。科学家认为,大白鲨袭击人是属于判断性的错误,它们误将落水者当做海豹,特别是那些身着黑色潜水服或游泳服的人可以说是自找麻烦。尽管如此,但它仍被认为比其他鲨类对人更具有危害性,其有时会在未受刺激的情形下对游泳、潜水、冲浪的人,甚至小型船只进行致命的攻击。

鲨鱼的克星——比目鱼

比目鱼又叫鲽鱼,是两只眼睛长在一边的奇鱼,被认为需两鱼并肩而行,故名比目鱼。它们栖息在浅海的沙质海底,靠捕食小鱼小虾来生存。平时总是悠闲地躺在海底,用身上那砂岩一样的颜色和黑点把自己隐藏起来,而谁会料到它竟然是"海洋霸王"——鲨鱼们的克星。

所谓"一物降一物",可以横行海洋的鲨鱼却不得不屈服于这小小的比目鱼。在比目鱼家族中,有一种叫豹鳎的红海鱼,身上长满像豹子一样的斑点,它是鲨鱼最大的克星。

生物学家为了试验豹鳎的防鲨性能,曾把一条豹鳎放进养有两条鲨鱼的水池中,一条鲨鱼立即猛冲过来,张开血盆大口去咬豹鳎。突然,它使劲地摇着头,扭动着身体,样子痛苦万分。原来,鲨鱼被豹鳎分泌的乳白色毒液麻痹了,张着大嘴无法闭上。

豹鳎的身体里共有 240 个毒腺,它们分布在豹鳎的背鳍和臀鳍基部,每个腺体都有一个小开口,乳状的毒液就从这里分泌出来。一旦受到威胁,豹鳎能在敌人咬它之前,这些可以致命的毒液就会迅速分泌出来,变成乳状,四处散发,在身体上形成 10 多厘米厚的防护圈,毒液的效果可以保持 28 小时以上。

科学家们还发现,这种毒液即使稀释 5000 倍,也足以使软体动物、海胆、海星和小鱼在几分钟内死亡。为了证实这一点,研究人员还把 0.2 毫升的毒液注射到老鼠体内,老鼠先是痛苦地抽搐,两分钟后,便一命呜呼了。因此,侵犯了它,鲨鱼必死无疑。

蓝血活化石——鲎

鲎是有名的活化石,又名爬上灶、夫妻鱼、鸳鸯鱼,它的长相很奇怪,好像一个瓢。它曾经和恐龙生活在同一个时代,但庞大的恐龙最终没有逃过白垩纪末期的大灾难,全部灭绝,而这个怪模怪样的动物,历经了地球的沧桑却生存了下来。更有趣的是,它的血还是蓝色的。

鲎是海洋中的节肢动物,最大的有 60 厘米长。一般生活在海底的泥沙中,主要吃一些蠕虫和没有壳的软体动物。根据化石资料研究,鲎在地球上生存了这么长的时间,但身体的结构却没有多大变化。再从鲎的发育过程来看,它的幼虫与几亿年前在海洋中繁盛的三叶虫长得十分相似,于是可以推断鲎与三叶虫有着十分密切的亲缘关系,很可能鲎就是三叶虫的后代。

从外表来看,鲎的整个身体像个瓢,全身棕褐色,除了一个剑一样的尾巴之外,没有什么特别之处。但仔细一看,就会看出它是由头、胸、腹和剑尾四部分组成。头胸部上顶着一个宽阔的背甲,背凸腹凹,为马蹄形。它有两对眼睛,一对复眼生在头胸甲两侧,一对单眼长于背部前端。头胸部的腹面不分节,有 6 对附肢,一般如钳状,只有第六对像耙子一样,用来挖土;成年雄体的第二对末端是弯钩状的,以便结尾时抱住雌体。鲎有一个很长很锋利的尾剑,是用来防卫的武器。从拇指大小的幼鲎发育到成年,要经历 15 年之久,这期间,雌鲎要蜕壳 18 次,雄鲎则要蜕壳 19 次。

鲎也被称为"蓝血活化石",主要原因是它的血液是蓝色的。这又是怎么回事呢? 我们人类和大多数动物的血液都是红色的,这是因为在我们的血液中含有铁离子,当铁离子和氧结合后,形成血红蛋白,使血液呈红色。而鲎的血液当中含有铜离子,当铜离子和氧结合后,形成血蓝蛋白,使血液呈蓝色。而且,这种蓝色的血液一旦接触细菌,就会凝固。这种蓝色血液的提取物——"鲎试剂",可以准确、快速地检测人体内部组织是否因细菌感染而致病;在制药和食品工业中,可用它对毒素污染进行监测。此外,鲎的肉、卵均可食用,其壳、尾、卵、肉和血均可入药。

夏季,无论是在沙滩上还是在海底,经常能看到鲎总是一大一小地生活在一起。其实,雌鲎与雄鲎一旦结为夫妻,便形影不离,肥大的雌鲎常驮着瘦小的丈夫蹒跚而行。此时捉到一只鲎,提起来便是一对。因此,鲎又享有"海底鸳鸯"的美誉。

海中蝙蝠——鳐鲼

动物与动物之间,有的长得十分相似。海底就有一种鱼居然长得和蝙蝠很像。因为它看上去如同一只展翅飞翔的大蝙蝠,因此人们称它为"蝙蝠鱼"。

"蝙蝠鱼"的学名为鳐鲼,是种生活在热带海洋中的鱼类,和我们熟悉的鲨鱼一样,同属于软骨鱼类。它身长 6 米左右,体重可达 1～4 吨,头上长有两个突出来的可以摆动的肉角,叫做"头鳍",位于眼睛两侧,能够自由转动。它的灵活度和人类的手不相上下。在捕食的时候,它不停地摆动,把周围的食物迅速拨进宽扁的嘴里。鳐鲼一般生活在海底深处,行动敏捷,两个宽阔而扁平的胸鳍生长在它身体的两侧,是它在海洋中自由"飞翔"的"翅膀"。"翅膀"一旦展开,可宽达 5～6 米。游泳的时候,它的胸鳍能做波浪形摆动,就如同鼓翼飞行的蝙蝠一样。鳐鲼的背部为灰绿色,上面覆有白斑,腹部雪白,身体后端还有一条鞭子一样的长尾巴,在游泳的时候,能够起到平衡作用。

跃出水面的鳐鲼

平时,鳐鲼栖息在海的底层,但也常常上升或停留在海面寻找食物。它们的食物主要是浮游甲壳动物,其次是成群的小型鱼类。到了繁殖季节,一对对雄、雌鳐鲼便相伴着一起游向海面。虽然鳐鲼身宽体重,但它们会使劲摆动自己的胸鳍,用力拍击水面腾空跃起,还能在距水面 4 米高的空中,拖着长尾滑翔。别看鳐鲼身形如此庞大,有的时候它也会像小孩子一样顽皮。遇到在海洋中航行的船只时,它会一时兴起,跳出水面,能够跨过人的头顶,越过甲板,然后落入水中,随之而来的是一声如同开炮一样的巨响,并激起无数浪花。这种声响就是在数千米外都能听到,而它们却乐此不疲。若是它们技术不佳,或是不幸被它们砸到,小船必定是船毁人亡。更有意思的是,雌鳐鳐会在腾空飞跃时,就顺便把小鳐鳐也产了出来,小鳐鳐直接掉入水中,开始自己新的生活。

水中狼族——水虎鱼

1996 年 2 月,一辆公共汽车在巴西马瑙斯市东面 200 千米的地方,从一个渡口滚下了乌鲁布河里。9 个小时后,救援人员赶到现场,发现在这次意外事件中遇难的 38 名乘客,大多数仅余下枯骨。后来才知道,乌鲁布河里常有水虎鱼出没,而这些遇难的乘客正是丧生在它们的利齿之下。

水虎鱼又名食人鱼,学名食人鲳,原产于南美洲亚马孙河流域,体长不一,最长的达 50 厘米,鱼身粗胖,颚宽大,牙齿锋利如刀,以凶猛闻名,俗称"水中狼族",可以群起攻击和消灭任何水中的生物。平时以其他鱼类为食,饥饿时也会群起袭击进入水里的陆生动物和人,只需几分钟便可将猎物吃得只剩骨头。

水虎鱼的胆量相当大,也很聪明,遇到比它们大几倍的动物时,便会群起而攻之。如猎食大鱼时,它们会先咬断大鱼的尾巴,使其无法移动。吃的时候,每条水虎鱼在大鱼身上咬一口,用力向后一拉,扯下鱼肉,同时留出空位,让另一条水虎鱼进食,并以快得让人无法相信的速度,瞬息便吃完捕获的食物。在它们饥饿难忍时,连鸟类都难保安全,贴水面而飞的苍鹭、白鹭和野鸭,有时会突然消失于浪花与鲜血之中。

水虎鱼固然凶猛,但电鳗和鳄鱼都是它们的天敌。电鳗可以产生将其击败的电流;而它们的利齿却咬不穿鳄鱼坚固的铠甲,对于鳄鱼来说,它们也同普通的鱼一样鲜美。但水虎鱼一旦流入没有电鳗和鳄鱼的自然环境,将会对生态平衡造成严重破坏。

生物学家们认为,促使水虎鱼袭击其他动物的因素可能不止一种,而是几种因素的结合,包括饥饿、水位低落及聚集在一个地区的同类太多等。而有的科学家则认为,水虎鱼一群群聚集在一起,并非是群起搜寻和攻击误入水中的大型动物,而是自卫之策。因为水虎鱼面临着众多大型食肉动物的威胁,特别是凯门鳄和海豚,为此它们只能成群结队地聚在一起寻求自保。而水虎鱼有一个独特的结构,不存在"头鱼"或合作一说,它们只是在留意自己免受攻击。更大、更老的水虎鱼通常在中心游动,因为它们已经到了繁殖成熟期,必须特别加以保护,而外层则是由更小、更年轻的水虎鱼构成。

第三章　美丽的自然风光

神奇的气候、多变的天气,大自然的奇妙无处不在。风是怎样刮起来的?调皮的雨滴是怎样产生的?天空中的朵朵白云是如何形成的?谁"制造"了瀑布?海市蜃楼是真还是假……领略美丽的自然风光,探寻神奇的自然世界。

天空到底什么颜色

晴朗的天空一碧万顷,蓝蓝的天空为我们提供了无比美妙的图画,这是大自然赐给我们的美好景观。但是,你知道为什么天空是蓝色的吗?这个看似简单的问题困扰了科学家近千年。直到 1871 年,英国物理学家才发现了这个问题的答案——"散色"。

首先你要弄明白一个道理:我们周围的事物看起来有颜色,完全是阳光照射的缘故。通常我们眼睛看见的都是白色,但是所有的颜色包括赤、橙、黄、绿、青、蓝、紫,在阳光里都存在。

你或许又会问,为什么这么多颜色,非要说天空是蓝色的呢?

其实,光线就好像波浪似的不停地波动,就让我们从一滴雨落在一个水洼里的情景讲起。当这滴雨落到水面上时,就会产生小波浪,波浪一起一伏地变成更大的圈,向着四面八方扩展开去。当这些波浪遇见障碍物即使是很小的石子,它们也会反弹回来,改变了波浪原来的方向。

同样的道理,阳光从空中照射下来会遇见许多障碍物。一般来说,阳光照射下来就必须穿过空气,但是空气并不是空的,空气中也会有许多杂质,杂质由很多很多微小的微粒组成。其中大部分是氮气少部分是氧气,有些别的气体微粒和微小的飘浮微粒,主要是由于汽车的废气、工厂的烟雾、森林火灾或火山喷发出来的岩灰。虽然氧气和氮气微粒只是一滴雨水的一百万分之一,但它们也照样能阻挡阳光的去路。光线从这些障碍物中穿过而被阻挡,自然也就改变了自己的方向。波长较长的光线如红光,透射力大,能透过大气径直射向地面;波长较短的光线,如紫、蓝、青光,碰到大气分子、冰晶、水晶等就会发生散射现象。

根据科学家的测定,蓝色光和紫色光的波长比较短,相当于"小波浪";橙色光和红色光的波长比较长,相当于"大波浪"。当遇到空气中的障碍物的时候,蓝色光和紫色光冲破不了那些障碍,便被"散射"得到处都是,布满整个天空,就这样被"散射"成了蓝色。

另外,因为人的眼睛对蓝色光比较敏感,所以天空一般就被看成是蓝色的了,但实际上天空有好几种颜色,我们肉眼是看不出来的。

风是怎样刮起来的

古人认为,天空中有位风婆婆,她老人家有一个大口袋,只要她站在云端,将口袋口打开对着地面,就会形成阵阵狂风。

随着科学的进步,如今我们已经知道,所谓风,就是空气在水平方向上的运动。那么,风究竟是怎样刮起来的呢?

这与空气受热膨胀遇冷收缩的特性有关。地球表面由于受热不均,使各地获得的热量有多有少。受热多的地区,空气膨胀上升,空气密度减小,因而气压降低。受热少的地区,空气收缩下沉,气压升高。这样,两地区就产生了气压差。两地冷热程度越悬殊,两地的气压差就越大,空气流动得就越快。两地气压差小,风力就微弱。两地气压若相同,就不会有风产生。

看不见的风

风是引起天气变化的一个重要因素,它把大气中的热量、水汽从一个地方输送到另一个地方。大陆内部的空气含水汽少,刮西北风时,多为晴朗天气;刮东南风时,风带来了海洋上空充沛的水汽,容易出现降雨天气。因此,不同的风向预示着不同的天气变化。风对人类的活动有着直接的影响,因此正确判断风力的大小,在日常生活中具有重要意义。

风力的大小用风级表示。风级从 0～13 共 13 级。级数越大,风力越大,空气流动得就越快。在没有测风仪器的情况下,可以根据眼前景物的变化确定风力的大小:

0 级为无风,这时水面无波,烟往上直冲,其风速在 0～0.2 米/秒;

1 级为弱风,此时树叶略动,烟随风飘,其风速在 0.3～1.5 米/秒;

2 级为轻风,此时树叶微响,人面部有感觉,其风速在 1.6～3.3 米/秒;

3 级为微风,此时彩旗迎风招展,小船轻轻簸动,其风速在 3.4～5.4 米/秒;

4 级为和风,此时尘土飞扬,树枝摇动,其风速在 5.5～7.9 米/秒;

5 级为清风,此时小树摇摆,水波滚动,其风速在 8.0～10.7 米/秒;

6 级为强风,此时撑伞困难,电线发声,其风速在 10.8～13.8 米/秒;

7 级为疾风,此时水起巨浪,顶风难行,其风速在 13.9～17.1 米/秒;

8 级为大风,此时树枝被折断,江河掀起大浪,其风速在 17.2～20.7 米/秒;

9 级为烈风,此时房瓦被掀掉,烟囱被吹垮,其风速在 20.8～24.4 米/秒;

10 级为狂风,能吹倒大树,具有很大的破坏力,其风速在 24.5～28.4 米/秒;

11 级为暴风,暴风在陆地上极为罕见,能掀翻海上的船只,其风速在 28.5～32.6 米/秒;

12 级为台风,此时海浪涛天,风浪能将海上的巨轮吞没,其风速大于 32.6 米/秒。

雨是如何形成的

"千条线,万条线,下到水中都不见。"谜底就是"雨"。当雨滴落下来时,由于我们的眼睛有视觉暂留现象,所以把雨看成了直线状,其实,较大的雨滴,是以"汉堡"的形状落下的,而雨的形成与云关系密切。

陆地和海洋中的水蒸发变成水蒸气,水蒸气上升到一定高度后遇冷变成小水滴。这些小水滴非常小,直径只有 0.01～0.02 毫米,最大的也只有 0.2 毫米。它们又小又轻,被空气中的上升气流托在空中,聚集成了云。它们在云里互相碰撞,渐渐长大变成了大水滴。当它们的重量增加到空气中的上升气流无法托住它们的时候,在地心引力的作用下,便从云中降落下来,这就形成了雨。

雨的形态多种多样,有毛毛细雨,有连绵不断的阴雨,还有倾盆而下的大雨。雨是人类生活中最重要的淡水资源,植物也要靠雨的滋润才能苗壮成长。但是,由暴雨造成的洪水也会给人类带来巨大的灾难。

还有一种雨被称为"酸雨",对人体健康、动物生存、美丽环境都具有严重威胁。

之所以会形成酸雨,是由于煤和石油在燃烧过程中排放出酸性气体二氧化硫,加上燃烧产生的高温使氧气与氮气化合,也排放出酸性气体。它们在高空中被雨雪冲刷、溶解,雨就成为酸雨。要防治酸雨,我们首先要减少煤和石油的燃烧,节省能源,少用一次性用品,尽量乘坐公共交通工具……其实,只要我们从身边的小事做起,爱护环境,用不了多久酸雨就会跟我们说再见!

雷电功大于过

　　自然界每年都有几百万次雷电,当雷电发生时,由于有强大电流通过,极容易杀伤人畜和破坏树木或建筑物,造成灾害。目前,雷电灾害是国际公认的最严重的十种自然灾害之一。据最新资料表明,雷电造成的损失已经上升到自然灾害的第三位。全球每年因雷击造成的人员伤亡、财产损失不计其数。据不完全统计,我国每年因雷击及雷击负效应造成的人员伤亡达 3 000～4 000 人,财产损失在 50 亿～100 亿元。

　　雷电是常见的一种天气现象,夏季是其高发季节。它是一部分带电的云层与另一部分带异种电荷的云层,或者是带电的云层对大地之间迅猛的放电。这种迅猛的放电过程产生强烈的闪电并伴随着巨大的声音。这就是我们所看到的闪电和雷鸣。云层之间的放电主要对飞行器有危害,对地面上的建筑物和人、畜没有太大影响;但云层对大地的放电,则对建筑物、电子电气设备和人、畜危害很大。

　　但事物都是一分为二的,作为灾害性天气的雷电有过也有功,甚至功还大于过。当雷电交加时,空气中的部分氧气被激变成臭氧。稀薄的臭氧不但不臭,而且还能吸收大部分宇宙射线,使地球表面的生物免遭紫外线过量照射的危害。在闪电过程中产生的高温又可杀死大气中 90% 以上的细菌和微生物,从而使空气变得更加纯净而清新宜人。

　　据科学家介绍,大自然里的一个闪电,能促使数量巨大的氮气在氧气里燃烧生成二氧化氮,并溶解在雨滴里,落到土壤里就变成了宝贵的氮肥。农作物在闪电雷雨后的 1～2 天里,新陈代谢过程特别旺盛。据估计,每年从雷雨中降落到大地上的氮肥约 4 亿吨。从理论上来讲,雷电也是一种自然能源,而雷电带来的灾害也是可以进行科学防御的,但如何开发利用,则有待科技界的努力。

美丽的雨后彩虹

　　七色的彩虹,弯弯地挂在天上,仿佛一座连接人间与天上的拱桥,因为它的美和难以理解的神奇现象,而在神话中占有一席之位。在中国神话中,它是女娲炼五色石补天时,五色石发出的彩光;在希腊神话中,它是沟通天上与人间的使者;在《圣经》中,它是上帝耶和华跟诺亚及其子孙立约的信号……直到伽利略关于光的特性专著出现之后,人们才对彩虹有了一个真正的了解。

色彩的形成

彩虹其实是气象中的一种光学现象,是由于阳光射到空气的水滴里,发生光的反射和折射造成的。

原来,空气中有许多小水滴,当阳光射到空中接近圆形的小水滴时,就会造成光的色散及反射,阳光射入水滴时的角度不同,在水滴内也会以不同的角度反射。当其以 40～42 度的角度反射时,就形成我们肉眼所见到的美丽彩虹。

彩虹的明显程度,取决于空气中小水滴的大小。小水滴体积越大,形成的彩虹越鲜亮;小水滴体积越小,形成的彩虹越不明显。

弯曲原因

那彩虹总的呈拱形的状态又是怎么回事呢?这与光穿越水滴时弯曲的程度有关,我们都知道所有的光线都好像波浪似的不停地波动。每种颜色的波长也不一样,相对来说,红色光的弯曲度最大,橙色光与黄色光次之,依次类推,弯曲最少的是紫色光。这种特定的弯曲角度决定着波光的折射角度。据相关数据显示,红色光折射的角度是 42 度,蓝色光折射的角度只有 40 度,所以每种颜色在天空中出现的位置都不同。另外,由于光是在水滴内被反射,所以我们看见的光谱都是倒过来的,红光在最上方,其他颜色在下方。

若用一条假想线,连接后脑勺和太阳,那么与这条线呈 42 度夹角的地方,就是红色所在的位置。这些不同的位置勾勒出一个弧。既然蓝色与假想线只呈 40 度夹角,所以彩虹上的蓝弧总是在红色下面。

双彩虹和晚虹

很多时候会见到两条彩虹同时出现,但一条的颜色很明显,另一条则比较暗。较暗的那条是副虹,又称霓。副虹是阳光在水滴中被折射、反射后再折射出来的。原来,阳光一次反射形成了我们常见的彩虹,若光线在水滴内进行了两次反射,便会产生第二道彩虹。

副虹的颜色排列次序跟主虹是相反的。由于每次反射均会损失一些光能量,因此霓的光亮度亦较弱。两次反射最强烈的反射角出现在 50～53 度,所以副虹位置在主虹之外。因为有两次的反射,副虹的颜色次序跟主虹反转,外侧为蓝色,内侧为红色。其实,副虹总是伴随着主虹存在的,只是因为它的光线强度较弱,有时不被肉眼所察觉而已。

晚虹一般在月光强烈的晚上才可能出现,见过它的人都知道它只有白色这一种。实际上它也是七色的,只不过人类视觉在晚间低光线的情况下难以分辨颜色,所以晚虹看起来才好像是全白的。

彩虹的出现与当时天气变化相联系,一般我们从虹出现在天空中的位置可以推测当时将出现晴天还是雨天。东方出现虹时,本地是不大容易下雨的;而西方出现虹时,本地下雨的可能性却很大。一般冬天的气温较低,在空中不容易存在小水滴,下雨的机会也少,所以冬天一般不会有彩虹出现。

凶猛迅捷的龙卷风

美国被称为"龙卷风之乡",平均每天有 5 个龙卷风发生,每年就有 1000～2000 个龙卷风。美国的龙卷风不仅数量多,而且强度大。据近 50 年来的统计,美国上空发生龙卷的次数至少比 50 年前增加了 35 倍。

龙卷风是一种伴随着高速旋转的漏斗状云柱的强风涡旋。其风速每小时可达 150 千米至 450 千米,它中心气压很低,具有很大的吸吮作用,可以把海水或湖水吸离海面或湖面,形成水柱,然后同云相接,俗称"龙取水"。

龙卷风常发生于夏季的雷雨天气时,尤以下午至傍晚最为多见。它的影响范围不大,直径从几米到几百米,平均为 250 米左右,最大为 1 000 米左右。在空中直径可达几千米,最大的达 10 千米。生命也很短暂,一般维持十几分钟到一两个小时,但破坏力极大。它往往使成片的庄稼、上万株果木瞬间被毁,掀翻车辆、摧毁建筑物,有时会把人畜吸走,危害非常严重。

龙卷风可以发生在水面和陆地上。发生在水面上的叫水龙卷,发生在陆地上的叫陆龙卷。火山爆发或大火灾时,容易引起巨大的陆龙卷。由于龙卷风有巨大的吸卷力,常能把海中的鱼类、粮仓里的粮食或其他东西吸卷到高空,然后再随暴雨降落到地面,于是就产生了鱼雨、谷雨、豆雨、血雨、甚至"钱雨"等大自然的"杰作"。

龙卷风长期以来一直是个谜,关于它形成的原因我们并不十分了解。目前我们了解较多的主要限于与龙卷风发展有关的一些天气条件,而对于龙卷风发展和形成的过程只能提出一些推测。

龙卷风是一种强烈旋转的涡旋,气柱中有强而持续不断的上吸运动或上升气流。相应在低层引起流入的空气迅速地向内汇合。根据角动量守恒原理,气柱的动量更加集中,旋转更快,因此可导致龙卷风的形成。因而任何有关龙卷风形成的理论和观点,都必须说明这种强而持续的上升气流是如何产生的。

一团空气既然要使旋转运动在小范围内集中和加强起来,必须在开始应具有一定强度的旋转。这在自转的地球上一般是满足的,因为除了在赤道附近或很小的区域内,空气总是具有一定旋转的。在大气中很强的上升气流经常出现,但延续时间非常短暂,因而不一定引起龙卷风。龙卷风的形成要求上升运动不但强而且持续时间长,只有空气在整个深厚层次中具有不稳定性时才会发生。即要求空气是强烈对流不稳定的。这个条件也是对流性雷暴发展的条件。观测也表明,龙卷风的发生总是与雷暴的出现密切相关。

云是怎样形成的

我们常常看到,天空中有时碧空无云,有时白云朵朵,有时又乌云密布。为什么天上有时有云,有时又没有云呢? 云究竟是怎样形成的? 它又是由什么组成的呢?

其实,飘浮在天空中的云彩是由许多小水滴或小冰晶组成的,有的则由小水滴和小冰晶混合在一起组成。

云都是有一定厚度的,其形成主要是水汽凝结的结果。

我们知道,从地面向上十几公里这层大气中,越靠近地面,温度越高,空气也越稠密;越往高空,温度越低,空气也越稀薄。

江河湖海的水,以及土壤和动植物的水分,随着蒸发到空中变成水汽。如果这些水汽被空气中的上升气流抬升,温度就会逐渐降低,到了一定高度,空气中的水汽就会达到饱和。如果这些水汽继续被抬升,就会有多余的水汽析出。如果那里的温度高于 0℃,则多余的水汽就凝结成小水滴;如果温度低于 0℃,则多余的水汽就凝化为小冰晶。在这些小水滴和小冰晶逐渐增多并达到人眼能辨认的程度时,我们就看到了飘浮在天空中的云。

在生活中,我们还常常看到一种通红的云,叫火烧云,又叫早霞或晚霞。火烧云是一种自然现象。清晨太阳从东方升起,或者傍晚太阳落山的时候,太阳光射到地面上,穿过的空气层要比中午太阳当顶的时候厚一些。太阳光中的黄、绿、青、蓝、紫几种光,在空气层里行走没有多远就已经筋疲力尽,不能穿过空气层。只有红色、橙色光可以穿过空气层探出头来,将天边染成红色,这样就形成了火烧云。

朦朦胧胧的雾

在电视里,我们经常可以看到美丽的城市——巴黎。它的美丽是有根据的,因为很多人喜欢朦胧的神秘感,所以一般看不见的地方就会被认为是"神秘地带",这个城市之所以迷人,就是因为它充满了那种神秘感。整个城市时常被雾弥漫着,有"雾都"的美誉。

雾和云都是由浮游在空中的小水滴或冰晶组成的水汽凝结物,只是雾生成在大气的近地面层中,而云生成在大气的较高层而已。

雾既然是水汽凝结物,因此应从造成水汽凝结的条件中寻找它的成因。大气中水汽达到饱和的原因有两个:其一,是由于蒸发,增加了大气中的水汽;其二,是由于空气自身的冷却。对于雾来说,冷却更重要。

在水汽充足、微风及大气层稳定的情况下,如果接近地面的空气冷却至一定程度,空气中的水汽便会凝结成细微的水滴悬浮于空中,使地面水平的能见度降低到1千米以内时,雾就形成了。

雾与未来天气的变化有着密切的关系。

谚语云:"春夏雾雨。"这是因为,春夏季节来自海上的暖湿气流,碰到较冷的地面,下层空气也变冷,水气就凝结成了雾,这种雾叫平流雾。它是海上的暖湿空气侵入大陆,突然遇冷而形成的。这些暖湿气流与大陆的干冷空气相遇,自然就阴雨绵绵。

谚语又云:"秋冬雾晴。"这是因为,秋冬季节北方的冷空气南下后,随着天气转晴和太阳的照射,空气中水分的含量逐渐增多,水汽凝结形成雾,这种雾叫辐射雾。因此,秋冬的雾便往往能预示好天气。

晶莹剔透的露珠

在温暖季节的清晨,当太阳还没有或是刚刚露出脸来的时候,我们常常可以看见在路边的青草,树上的叶子、花瓣及农作物上布满了许多清澈的露珠。它们看起来像一颗颗珍珠一样晶莹剔透,在阳光的照射下熠熠生辉。花瓣、树叶含羞地亲吻着露珠,而露珠也肆意地享受着阳光赐予的美丽。

露珠可不是从天空中降下来的,它的形成同样也要追溯到空气中的水汽那里。物理学上把空气因冷却而达到水汽饱和时的温度叫做"露点温度"。在温暖季节里,夜间地面物体强烈辐射冷却的时候,与物体表面相接触的空气温度下降,在它降到"露点"以后就有多余的水汽析出。因为这时的温度还在 0℃ 以上,这些多余的水汽就只能凝结成水滴附着在地面物体之上,这就是我们在温暖季节的清晨里看到的露。

晶莹剔透的露珠

露的形成大都是在天气晴朗、无风或微风的夜晚。同时,容易有露形成的物体,也往往是表面积相对大的、表面粗糙的、导热性不良的物体,如花瓣、树叶和草类。有时,在上半夜形成了露,下半夜温度继续降低,使物体上的露珠冻结起来,这叫做冻露。有人把它归入霜一类,但是它的形成过程与霜不同。露一般在夜间形成,日出以后,温度升高,露珠也就蒸发消失了。

在农作物生长的季节里,如果常有露出现,这对农业生产十分有益。如在我国北方的夏季,气温较高,水分蒸发也很快,遇到缺雨干旱,农作物的叶子有时白天被晒得卷缩发干,但是夜间有露,叶子就又恢复了原状。人们常把"雨""露"并称,就是这个道理。

霜是怎样形成的

寒冷季节的清晨,草叶上、土块上常常会覆盖一层白色结晶,它们在初升的阳光照耀下闪闪发亮,等太阳升高后就融化了。我们将这种白色结晶叫做"霜"。

翻开日历,每年 10 月下旬,总有"霜降"这个节气。我们看到过降雪,也看到过降雨,可是谁也没有看到过降霜。

其实,霜不是从天空降下来的,而是在近地面层的空气里形成的。

霜的形成不仅和当时的天气条件有关,而且与所附着的物体的属性也有关。当物体表面的温度很低,而物体表面附近的空气温度却比较高,那么在空气和物体表面之间有一个温度差,如果物体表面与空气之间的温度差主要是由物体表面辐射冷却造成的,则在较暖的空气和较冷的物体表面相接触时空气就会冷却,达到水汽过饱和的时候多余的水汽就会析出。如果温度在0℃以下,则多余的水汽就在物体表面凝华为冰晶,这就是霜。因此,霜总是在有利于物体表面辐射冷却的天气条件下形成。

云对地面物体夜间的辐射冷却是有妨碍的,天空有云不利于霜的形成。因此,霜大都出现在晴朗的夜晚,也就是地面辐射冷却强烈的时候。

而风对于霜的形成也有影响。有微风的时候,空气缓慢地流过冷物体表面,不断地供应着水汽,有利于霜的形成。但是,风大的时候,由于空气流动得很快,接触冷物体表面的时间太短,同时风大的时候,上下层的空气容易互相混合,不利于温度降低,从而也会妨碍霜的形成。大致来说,当风速达到3级或3级以上时,霜就不容易形成了。因此,霜一般形成在寒冷季节里晴朗、微风或无风的夜晚。

天空飘落的美丽雪花

我们已经知道,云是由许多小水滴和小冰晶组成,雨正是由这些小水滴和小冰晶增长变大形成的。而雨和雪成分相同,且同样是自天而降。那么,雪的形成是不是也和云有关系呢?

是的,雪的形成与冰云有关。所谓冰云,是完全或几乎完全由冰晶所组成的云,这种云的温度远低于0℃。

冰云由小冰晶组成,这些小冰晶在相互碰撞时,冰晶表面会增热而有些融化,并且会互相黏合又重新冻结起来。这样重复多次,冰晶便增大了。另外,在云内也有水汽,所以冰晶也能靠凝华继续增长。但是,冰云一般都很高,而且也不厚,在那里水汽不多,凝华增长很慢,相互碰撞的机会也不多,所以不能增长到很大而形成降水。即使引起了降水,也往往在下降途中被蒸发掉,很少能落到地面。

最有利于云滴增长的是混合云。混合云由小冰晶和过冷却水滴共同组成。当一团空气对于冰晶来说已经达到饱和的时候,对于水滴来说却还没有达到饱和。这时云中的水汽向冰晶表面上凝华,而过冷却水滴却在蒸发,这时就产生了冰晶从过冷却水滴上"吸附"水汽的现象。在这种情况下,冰晶增长得很快。另外,过冷却水是很不稳定的。一碰它,它就要冻结起来。所

显微镜下的雪花

以,在混合云里,当过冷却水滴和冰晶相碰撞的时候,就会冻结黏附在冰晶表面上,使它迅速增大。当小冰晶增大到能够克服空气的阻力和浮力时,便落到地面形成了雪花。

雪花是一种美丽的结晶体,它在飘落过程中成团攀联在一起,就形成雪片。单个雪花的大小通常为 0.05～4.6 毫米。雪花很轻,单个重量只有 0.2～0.5 克。无论雪花怎样轻小,怎样奇妙万千,它的结晶体都是有规律的六角形,所以古人有"草木之花多五出,度雪花六出"的说法。

冰雹是如何形成的

冰雹,俗称雹子,夏季或春夏之交最为常见。它是一种固态降水物,是圆球形或圆锥形的冰块,由透明层和不透明层相间组成。直径一般为 5～50 毫米,最大的可达 10 厘米以上。冰雹的直径越大,破坏力就越大。它们常常从天而降,来势凶猛。

冰雹和雨、雪一样都是从云里掉下来的,但它是在对流云中形成的。水汽随气流上升遇冷会凝结成小水滴,随着高度的逐渐增加和温度的持续降低,在达到 0℃以下时,这些水滴就会凝结成一颗颗冰粒。在它上升运动过程中,还会吸附周围的小冰粒或水滴而慢慢长大,直到上升的气流承载不动它的重量时,它便开始往下降。降落到温度较高的区域时,它的表面便会融解成水,并同时吸附周围的小水滴。此时若是又遇到强大的上升气流,则会再次被抬升,上升遇冷,它的表面又会凝结成冰。如此反复进行如滚雪球般,其体积越来越大,直到它的重量大于空气的浮力,然后开始往地面降落,如果到达地面时是没有被融解成水的固态冰粒子,就是我们肉眼所看到的冰雹,如果已经融解成水就是我们平常所见到的雨。

冰雹的形状大小各异,小的宛如绿豆、黄豆,大的则似栗子、鸡蛋。在我国北方的山区及丘陵地区,每年都会受到不同程度的雹灾;特大的冰雹甚至比柚子还大,它的降临,会毁坏大片农田和树木、摧毁建筑物和车辆、损害人畜性命等。

巍峨挺拔的高山

巍峨挺拔的高山被称为"大地的骨架"。那么,你是否知道山是怎样形成的呢?简单来说,山主要是地壳运动的结果。

我们都知道地球是椭圆形的,人之所以能够住在地球上而不掉下去,是因为人受到力的作用。

同样道理,地球也受到各种力的作用,而且这些力的大小各不相同。正因为此,地壳表面在不断地运动和变化。

打个通俗的比喻,这就好像一个人用力捏一个橡皮泥,那么这个橡皮泥就会发生形变,形变的大小随着力的增大而增大。

各种力向地球施加压力的时候,超过一定的限度,受力的中心就会越来越高,随着时间的推移,就会形成我们现在看到的高大挺拔的"山"了。

喜马拉雅山

世界上最高的山是喜马拉雅山,它就是地壳运动的结果。

大约在 7 000 万年前,我们所在的亚欧板块受到力的冲击,这个冲击来自于南印度洋板块,两个板块就像调皮的小孩争抢东西互相挤压在一起。因此,使地壳不断向上抬升,海水逐渐向西退去。就这样,海水不断消失,陆地逐渐形成。随着时间的飞逝,两个板块的相互挤压和碰撞虽然缓慢,但却持续不断地进行着。所以,当人们开始注意它的时候,已经形成了"世界的屋脊"——喜马拉雅山。

种类不一的盆地

盆地就是盆状地形。根据这个名称,我们就能想象出它的样子:四周高、中间低,就像放在地上的一个盆子一样。而四周高的部分叫山地或高原,中间低的部分叫平原或丘陵。那么,这些盆地的形成是不是也和山一样,是地壳运动的结果呢?

是的,盆地的确也是地壳运动的结果,但这只是原因之一。盆地形成的原因很多,形成原因不同,地貌也有所差异。

地壳运动

形成盆地的最主要原因是地壳运动。当地壳运动的时候,地下岩层受到力的作用,发生弯曲或断裂,甚至两者同时发生,这时地表有些部分就会隆起,有些部分则会下降。隆起的部分就是盆地周围,而下降的部分就是我们所说的盆地。这种盆地称为构造盆地,如我国新疆的吐鲁番盆地、江汉平原盆地等。

水的侵蚀

水的侵蚀可以形成盆地。当河流沿着地表岩石比较脆弱的地方向下侵蚀,便会不断切割形成各种大小不一的盆地。这种类型的盆地被称为"河谷盆地"。如我国云南西双版纳的景洪盆地,主要由澜沧江及其支流侵蚀扩展而成。

风力作用

风力作用也是盆地形成的一个原因。风力具有极强的破坏作用,如我国西北广大干旱地区,风力很强,当风将地表的沙石吹走以后,就形成各种大小不一的碟状盆地。这种类型的盆地被称为"风蚀盆地"。这种盆地在我国内蒙古地区较为多见。

世界上最大的盆地是非洲中部的刚果盆地,又名扎伊尔盆地。其总面积约为337万平方千米。仅盆地内部的平原,面积就达100万平方千米。刚果盆地地势较低,平均海拔仅为300~500米,并有从东南向西北倾斜之势。

另外,盆地是地球上很不稳定的地质构造,有许多盆地在形成以后就曾经被海水或湖水淹没过,如四川盆地、塔里木盆地、准噶尔盆地等。之后,又过了若干年,随着地壳的不断抬升,加上泥沙的淤积,盆地内部的海、湖慢慢地退却干涸,只剩下一些河水或小溪。但是,在那些曾经存在过的海、湖、河流中,曾经生活过的大量生物死亡以后被埋入淤泥中,就会成为形成石油、煤炭的物质基础,这也就是科学家们之所以非常关注盆地研究的重要原因。

荒凉缺水的沙漠

沙漠表面完全被黄沙覆盖,它干旱缺水、植物非常稀少、空气干燥,在那里人的一切雄心、欲望、理想等都会被无情地吞噬。因此,人们对它充满恐惧,并将其称为"人间地狱"。那么,地球上为什么会有沙漠呢?

自然原因

单从自然原因来说,沙漠形成有三个必不可少的条件,即风、沙和干旱。

风,是制造沙漠的动力,沙则是形成沙漠的物质基础。风可以使坚硬的岩石风化成沙,并且将它们搬运到某处从而集结成沙漠。除了有风和沙之外,形成沙漠还有一个非常重要的因素——干旱。地表缺少植被,其土壤就会被风吹走,岩石会被风化而形成沙漠的源头——戈壁。一般来说,地球上的信风带气压高、天气稳定、雨量少,是非常容易形成沙漠的地方,世界上许多著名的大沙漠都分布在这些地方,如撒哈拉沙漠、阿拉伯沙漠、印度沙漠、卡拉哈里沙漠、纳米布沙漠、澳大利亚沙漠等。

撒哈拉沙漠

人为破坏

人为破坏自然环境也是导致形成沙漠的重要原因。因为对沙漠危害的认识不够,导致人们滥伐森林树木、破坏草原,这样覆盖在地表的植物消失,再加上风和干旱,沙漠就形成了。

在干旱少雨的大沙漠里,也可以找到水草丛生、绿树成荫、一派生机勃勃的绿洲。绿洲是浩瀚沙漠中的片片沃土,它就像是沙漠瀚海上美丽的珍珠,镶嵌在沙漠里,闪烁着神奇的色彩。那么,绿洲是怎样形成的呢?高山上的冰雪到了夏天,就会融化,顺着山坡流淌形成河流。河水流经沙漠,便渗入沙子里变成地下水。这地下水沿着不透水的岩层流至沙漠低洼地带后,即涌出地面。另外,远处的雨水渗入地下,也可与地下水汇合流到这沙漠的低洼地带。或者由于地壳变动,造成不透水的岩层断裂,使地下水沿着裂缝流至低洼的沙漠地带冲出地面。这些低洼地带有了水,各种生物就应运而生、发育、繁衍。

鬼斧神工的瀑布

天地之间,一道清澈碧绿的水帘飞泻而下,珠飞玉溅,水雾弥漫,这就是美丽的瀑布。唐代诗人李白在诗中写道:"飞流直下三千尺,疑是银河落九天。"这便是对瀑布最由衷的赞美。

大自然"制造"瀑布,首先让其有丰富的水源,接着又给予了陡峭的山崖地形,使河道产生落差,这样就"制造"出了美丽的瀑布。

我们知道,地壳处于不停地运动之中,而地壳运动使地表发生扭曲,并且断裂错动。断裂的两侧又产生了相对升降,结果在地表形成了陡峭的崖壁。如果正好有河流经过这里,由于重力的作用,就会飞泻而下形成瀑布。如我国著名的贵州黄果树瀑布就是这样形成的。

此外,火山爆发之后,在火山顶部形成火山口,积水形成火山口湖。如果湖水太多,溢出火山口,也能形成瀑布。

还有一种情况,火山喷发的岩浆堵塞河道,形成天然的堤坝,使河流水位抬高,水流溢出也会形成瀑布。

瀑布是大自然送给人类的美好礼物,下面简单介绍一下我国的黄果树瀑布和世界三大著名瀑布。

黄果树瀑布

黄果树瀑布:是白水河上最雄浑瑰丽的乐章,它将河水的缓游漫吟和欢跃奔腾奇妙地糅合在一起。从 68 米高的悬崖之巅跌落的黄果树瀑布,既有水量丰沛、气韵万千的恢宏,又有柔细飘逸、楚楚依人的温柔,81 米宽的瀑面上水汽飘然,若逢适当的阳光照射还可形成迷人的彩虹。

尼亚加拉瀑布:位于加拿大与美国的交界处的尼亚加拉河上。尼亚加拉河中的高特岛把瀑布分隔成两部分:较大的部分是霍斯舒瀑布,靠近加拿大一侧,高 56 米,长约 670 米;较小的为亚美利加瀑布,接邻美国一侧,高 58 米,宽 320 米。

维多利亚瀑布:位于非洲赞比西河的中游,赞比亚与津巴布韦接壤处。瀑布宽1700余米,最高处达108米,宽度和高度比尼亚加拉瀑布大一倍。赞比西河抵瀑布之前,舒缓地流动,而瀑布落下时声如雷鸣,当地居民称之为"莫西奥图尼亚",即"霹雳之雾"。

伊瓜苏瀑布:位于阿根廷和巴西边界上的伊瓜苏河。这是一个马蹄形瀑布,高82米,宽4千米,是尼亚加拉瀑布宽度的4倍,比维多利亚瀑布还要宽很多。悬崖边缘有许多树木丛生的岩石岛屿,使伊瓜苏河由此跌落时分作约275股急流或泻瀑,高度60~82米不等。

星罗棋布的湖泊

"洪湖水呀,浪呀嘛浪打浪啊,洪湖岸边是呀嘛是家乡啊,清早船儿去呀去撒网,晚上回来鱼满舱。四处野鸭和菱藕,秋收满帆稻谷香,人人都说天堂美,怎比我洪湖鱼米乡……"堪称鱼米之乡的美丽洪湖,是我国的第七大淡水湖,2006年还被世界环境基金会世界生命湖泊大会授予"生命湖泊最佳保护实践奖"。

世界上湖泊众多,单面积在1 000平方米以上的,就有20万个左右。这些大大小小、形状各异的湖泊星罗棋布地点缀在大地上,宛如一颗颗璀璨的明珠,晶莹透亮,宁静安详。

湖泊形成的原因多种多样,如地壳运动、大自然侵蚀、堆积作用与人为力量等,都会让地表形成凹陷的盆地蓄水之后变成湖泊。

就湖泊形成的原因来说,可分为以下几种类型:

构造湖:高山、高原、丘陵、平原地表发生断裂出现凹陷,凹陷的地方逐渐蓄水,形成湖泊。

火口湖:火山爆发后,在火山的顶部会留下巨大的火山口,火山口逐渐储水而形成的湖泊。

河成湖:一些位于平原地区的河流受到河道迁徙摆动、河道淤塞等情况,在河道上形成的湖泊。

牛轭湖:平原地区有些河流,因为水流对河道的冲刷与侵蚀,致使河流越来越弯曲,最后导致河流自然截弯取直,原来弯曲的河道废弃,形成所谓的牛轭湖。

堰塞湖:由于地质变动,如火山熔岩流、地震活动等原因引起山崩,造成河谷或河床的堵塞,之后储水形成的湖泊。

冰川湖:冰河溶化时,因为冰川挖蚀成的坑,和冰山融化的水堵塞蓄积而形成的湖泊。

人工湖:人为原因在河谷筑起堤坝,拦截河里的水所形成的湖泊。

世界上最大的湖泊是位于欧亚大陆之间的里海,它的面积达 37.18 万平方千米,它的西南面和南面为高加索山脉和厄尔布尔士山脉的连绵雪峰环绕,其他三面是坦荡辽阔的平原。人们称里海为"海",除了面积大、水深、常有狂风巨浪、动植物与海洋相近这些特征之外,还因为它过去确实是海的一部分。大约在几百万年前,里海是与黑海和地中海相同的,以后由于地壳运动,这里的海陆范围曾多次变化,里海与黑海最后才分离成为一个内陆湖泊,距今不过 1 万 1000 多年。

五光十色的岛屿

岛屿是散布在海洋、江河或湖泊中的四面环水、高潮时露出水面、自然形成的陆地。彼此相距较近的一组岛屿称为群岛。在烟波浩渺的海洋中,大大小小的岛屿就有 5 万多个,它们就像无数块形态各异的翡翠镶嵌在蔚蓝的大海上。它们主要有大陆岛、火山岛、冲积岛和珊瑚岛。

大陆岛

有些大陆岛的来历也和地壳运动有直接的关系。它们原来也是大陆的一部分,因为地壳运动的缘故,与大陆之间出现了断裂沉陷地带,所以才变成了与大陆隔海相望的岛屿。如我国的海南岛、台湾岛,非洲的马达加斯加岛等,都是因为地壳运动而形成的。

地球常常会自己产生张力,陆地受了这种地球的张力之后,就会产生一些长而深的裂缝,这时,一些来自地下深处的物质迫不及待地挤了出来,将裂缝越撑越大,逐渐形成新的海底,而那些分裂出去的大陆的碎块,就形成了远离大陆的岛屿,如世界第一大岛——格陵兰岛。

有时地球气候变暖,冰雪消融,使海洋的水量增加,海面上升,于是大陆边缘的低凹地带就会被海水淹没,而那些高地与山峰就变成了岛屿。如北冰洋中的许多岛屿就是这样形成的。

火山岛

火山岛是海底火山喷出的熔岩和碎屑物质在海底积而成的。如太平洋中的夏威夷群岛。

冲积岛

有一些岛屿在大河的入海处,是由河水中夹带的泥沙冲积而成的,这些岛屿被

称为"冲积岛",如我国的崇明岛。

珊瑚岛

珊瑚岛是最令人匪夷所思的一种岛屿,它是由珊瑚质的一种分泌物——石灰质物和珊瑚虫的尸骸堆积而成。谁能想到生活在温暖海水中的珊瑚虫也是建造岛屿的高级工程师呢!我国南海诸岛中的大部分岛屿都是这样形成的。

世界上最大的岛屿是格陵兰岛,它位于北美洲的东北部,在北冰洋和大西洋之间,全岛面积217.56万平方千米,海岸线全长3.5万多千米。公元981年,有一个叫"红发"埃里克的人,从欧洲北部一直流落到了现在的格陵兰岛。他为了使更多的人对这个地方产生兴趣,便给这个岛起名为格陵兰岛,按照丹麦语的意思是"绿色的土地"。其实,这个岛并不像它的名字那样充满着春意。那里气候严寒,冰雪茫茫,中部地区的最冷月平均温度为摄氏零下47度,绝对最低温度达到摄氏零下70度,是地球上仅次于南极洲的第二个"寒极"。

美丽壮观的海洋

地球的表面积约为5.1亿平方千米,其中海洋面积约为3.62亿平方千米,占总面积的71%。一直以来,海洋被誉为"生命的摇篮"、"风雨的故乡"、"五洲的通道"、"资源的宝库"。生物学家断言,海洋是生命的发源地;海洋学家发现,海洋蕴藏着巨量的资源和能源,将海洋称为世界"第六大洲"。

下面介绍覆盖地球表面3/4的"蓝色领土",看看这个幽深而富饶的神秘世界是怎样形成的?

据现代科学证实,大约在50亿年前,从太阳星云中分离出一些大大小小的星云团块。它们一边绕太阳旋转,一边自转。在运动过程中,互相碰撞,有些团块彼此结合,由小变大,逐渐成为原始的地球。星云团块碰撞过程中,在引力作用下急剧收缩,加之内部放射性元素蜕变,使原始地球不断受到加热增温;当内部温度达到足够高时,地球内部的物质包括铁、镍等开始熔解。在重力作用下,重的下沉并趋向地心集中,形成地核;轻者上浮,形成地壳和地幔。在高温下,内部的水分汽化与气体一起冲出来,飞升入空中。但是由于地心的引力,它们不会跑掉,只在地球周围,成为气水合一的圈层。

位于地表的一层地壳,在冷却凝结过程中,不断地受到地球内部剧烈运动的冲击和挤压,因而变得褶皱不平,有时还会被挤破,形成地震与火山爆发,喷出岩浆与热气。开始,这种情况发生频繁,后来渐渐变少,慢慢稳定下来。这种轻重物质分化,产生大动荡、大改组的过程,大概是在45亿年前就完成了。

美丽的海洋

地壳经过冷却定型之后,地球就像个久放而风干了的苹果,表面皱纹密布、凹凸不平。高山、平原、河床、海盆,各种地形一应俱全。

在很长一个时期内,天空中水汽与大气共存一体。浓云密布,天昏地暗,随着地壳逐渐冷却,大气的温度也慢慢地降低,水气以尘埃与火山灰为凝结核,变成水滴,越积越多。由于冷却不均,空气对流剧烈,形成雷电狂风,暴雨浊流,雨越下越大,一直下了很久。滔滔的洪水,通过千川万壑,汇集成巨大的水体,这就是原始的海洋。

原始的海洋,海水不是咸的,而是带酸性,又是缺氧的。水分不断蒸发,反复地形云致雨,重又落回地面,把陆地和海底岩石中的盐分溶解,不断地汇集于海水中。经过亿万年的积累融合,才变成了大体均匀的咸水。同时,由于大气中当时没有氧气,也没有臭氧层,紫外线可以直达地面,靠海水的保护,生物首先在海洋里诞生。约在38亿年前,即在海洋里产生了有机物,先有低等的单细胞生物。在6亿年前的古生代,有了海藻类,在阳光下进行光合作用,产生了氧气,慢慢积累,形成了臭氧层。此时,生物才开始登上陆地。

经过水量和盐分的逐渐增加,以及地质历史上的沧桑巨变,原始海洋逐渐演变成今天的海洋。

潮涨潮落的规律

生活在沿海地区的人都对潮涨潮落这种现象习以为常,他们将其称为"潮汐"。涨潮涨到最高点叫高潮,退潮达到最低点叫低潮;来时叫涨潮,退时叫落潮。

潮水有的时候小,有的时候大,从前人们无法解释这种现象,就认为这是因为大海喜怒无常的缘故。

然而,随着科学的发展,科学家们找到了潮涨潮落的规律所在,并对这一现象作出了科学的解释。

也许你还不知道,太阳和月亮对海水也有引力。但相对于地球而言,它们对海水的引力很小,起码要小上几百万倍,否则海水就不会留在地球上了。不过,太阳和月亮虽与地球上的海洋相距较远,但却始终像巨大的磁铁吸引铁板一样吸引着海洋,正是这种吸引力将靠近太阳和月亮一面的海水吸得鼓胀起来,才引起了潮汐。这与太阳、月球与地球的相对位置有直接的关系。当太阳、月亮与地球成一条直线时,太阳、月亮对地球的引潮力加在一起,引起不同寻常的海潮,这种海潮称为大潮;当太阳和地球与月球和地球这两条连线成直角时,引潮就弱,潮差(高潮时海水面与低潮时海水面的高度差)也小,潮水很低,这种潮叫做小潮。

由于太阳比月亮离地球远得多,因此太阳对海潮的影响比月亮对海潮的影响要小。这也是大潮在农历的每月初一、十五各发生一次的原因。

对于工作和生活在海上的人来说,掌握潮涨潮落的规律十分重要,有些港口水的深度不够,巨大的船只常常要等到高潮的时候才能进港和离港。掌握了这种潮涨潮落的规律,就能准确把握船只进、离港的时间了。

地震是如何发生的

2008 年 5 月 12 日 14 时 28 分 04 秒,8 级强震猝然袭击我国四川,大地颤抖,山河移位,满目疮痍,生离死别……这次地震危害极大,共遇难 69 227 人,受伤 374 643 人,失踪 17 923 人,直接经济损失达 8 452 亿元。

地震无情,人有情。地震发生后,全中国、全世界向灾区伸出了援助之手,温暖灾区人民的心灵,帮助他们在瓦砾和废墟上重建美好家园。

那么,给人们带来深重灾难的地震是如何发生的呢?

研究发现,引起地震的原因很多,科学家根据地震形成的原因,将地震分为以下几种:

构造地震:由于地下深处岩石破裂、错动把长期积累起来的能量急剧释放出来,以地震波的形式向四面八方传播出去,到地面引起的房摇地动称为构造地震。这类地震发生的次数最多,破坏力最大,约占全世界地震的 90% 以上。

火山地震:由于火山作用,如岩浆活动、气体爆炸等引起的地震称为火山地震。只有在火山活动区才可能发生火山地震,这类地震占全世界地震的 7% 左右。

此外,还有三种规模小,发生次数也少的地震。由于地下岩洞或矿井顶部塌陷而引起的地震,称为塌陷地震;由于水库蓄水、油田注水等活动而引发的地震,称为诱发地震;由于地下核爆炸、炸药爆破等人为引起的地震,称为人工地震。

那么,地震发生时我们怎样做才最正确呢?专家提醒,发生地震时必须特别注意:

抓紧时间紧急避险:如果感觉晃动很轻,说明震源比较远,只须躲在坚实的家具旁边就可以。大地震常以上下颠簸开始,之后才左右摇摆,而且从开始到振动过程结束,时间不过十几秒到几十秒,因此抓紧时间进行避震最为关键,不要耽误时间。

选择合适的避震空间:室内较安全的避震空间有承重墙墙根、墙角、水管和暖气管道等处。屋内最不利于避震的场所是:没有支撑物的床上;吊顶、吊灯下;周围无支撑的地板上;玻璃和大窗户旁。

自我保护:首先要镇定,选择好躲避处后应蹲下或坐下,脸朝下,额头枕在两臂上;或抓住桌腿等身边牢固的物体,以免震时摔倒或因身体失控移位而受伤;保护头颈部,低头,用手护住头部或后颈;保护眼睛,低头、闭眼,以防异物伤害;保护口、鼻,有可能时,可用湿毛巾捂住口、鼻,以防灰土、毒气。

震后自救:地震时如被埋压在废墟下,周围又是一片漆黑,只有极小的空间,你一定不要惊慌,要沉着,树立生存的信心,相信会有人来救你,要千方百计地保护自己。此外,地震后,往往还有多次余震发生,处境可能继续恶化,为了免遭新的伤害,要尽量改善自己所处的环境。在这种极不利的环境下,首先要保持呼吸畅通,挪开头部、胸部的杂物,闻到煤气、毒气时,用湿衣服等物捂住口、鼻;避开身体上方不结实的倒塌物和其他容易引起掉落的物体;扩大和稳定生存空间,用砖块、木棍等支撑残垣断壁,以防余震发生后,环境进一步恶化。设法脱离险境。如果找不到脱离险境的通道,应尽量保存体力,用石块敲击能发出声响的物体,向外发出呼救信号,不要哭喊、急躁和盲目行动,这样会大量消耗精力和体力,尽可能控制自己的情绪或闭目休息,等待救援人员到来。

火山为什么会爆发

火山爆发的时候,伴随着惊天动地的巨大轰鸣,石块飞腾翻滚,炽热无比的岩浆像条条凶残无比的火龙,从地下喷涌而出,吞噬着周围的一切,霎时间,方圆几十里都被笼罩在一片浓烟迷雾之中。有时候,由于火山爆发,能使平地上顷刻间矗立起一座高高的大山,或在瞬间吞没整个村庄和城镇。

火山爆发向我们展现了大自然疯狂的一面。那么,火山为什么会爆发呢?

事实上,在地表约32公里的深处存在大量的高温液体,其温度之高足以熔

火山爆发

化大部分岩石。岩石熔化时膨胀，需要更大的空间。世界的某些地区，山脉在隆起。这些正在上升的山脉下面的压力在变小，这些山脉下面可能形成一个熔岩库。熔岩沿着隆起造成的裂痕上升。熔岩库里的压力大于它上面的岩石顶盖的压力时，便向外迸发成为一座火山。

也就是说，地球内部充满着炽热的岩浆，在极大的压力下，岩浆便会从薄弱的地方冲破地壳，喷涌而出，造成火山爆发。

火山出现的历史非常悠久。有些火山在久远的过去就喷发过，但现在已经不再活动，这样的火山称为"死火山"；不过也有的"死火山"随着地壳的变动会突然喷发，人们称为"休眠火山"；人类有史以来，时有喷发的火山，称为"活火山"。

温柔恐怖的雪崩

宁静的氛围，皑皑的白雪，以及冬季特有的清新气息，给人一种温柔、舒爽的感觉。突然间，"咔嚓"一声，先是出现一条裂缝，接着，巨大的雪体开始滑动。雪体在向下滑动的过程中，迅速获得了速度。于是，滑动的雪体变成一条几乎是直泻而下的白色雪龙，腾云驾雾，呼啸着、声势凌厉地向山下冲去。

是的，这可怕的一幕就是雪崩。比起泥石流、洪水、地震等灾难发生时的狰狞，雪崩真可谓美得惊人。但是，美只是雪崩喜欢示人的一面，而在其美的背后隐藏的却是可以摧毁一切的恐怖。领教过其威力的人更愿意称它为"白色妖魔"。

雪崩常常发生于山地，有些雪崩是在特大暴雪中产生的，但常见的是发生在积雪堆积过厚、超过了山坡面的摩擦阻力时。雪崩的原因之一是在雪堆下面缓慢地形成了深部"白霜"，这是一种冰的六角形杯状晶体，与我们通常所见的冰碴相似。这种白霜的形成是因为雪粒的蒸发所造成，它们比上部的积雪要松散得多，在地面或下部积雪与上层积雪之间形成一个软弱带，当上部积雪开始顺山坡向下滑动，这个软弱带起着润滑的作用，不仅加速雪下滑的速度，而且还带动周围没有滑动的积雪。

雪 崩

人们可能察觉不到，其实在雪山上一直都进行着一种较量：重力一定要将雪向下拉，而积雪的内聚力却希望能把雪留在原地。当这种较量达到高潮的时候，哪怕是一点点外界的力量,比如,动物的奔跑、滚落的石块、刮风、轻微的震动,甚至在山谷中大喊一声,只要压力超过了将雪粒凝结成团的内聚力,就足以引发一场灾难性的雪崩。

事实上,除了山坡形态,雪崩在很大程度上还取决于人类活动。据专家估计,90%的雪崩都由受害者或者他们的队友造成,这种雪崩被称为"人为休闲雪崩"。滑雪、徒步旅行或其他冬季运动爱好者经常会在不经意间成为雪崩的导火索。而人被雪堆掩埋后,半个小时不能获救的话,生还希望就很渺茫。我们经常会看到这样的报道,说某某人在滑雪时遭遇雪崩,不幸遇难。但那时,雪崩到底是主动伤人,还是在人的运动影响下迫不得已发生就不得而知了。

海市蜃楼是真还是假

在风平浪静的海面上,向远方眺望,有时竟然能够看到亭台、楼阁、船舶、岛屿、山峰、房屋、城堡……古人认为,这是海中蛟龙吐出的气结成的,因此将其称为"海市蜃楼","蜃"即蛟龙的意思。

我们当然不会相信这种解释,而且我们谁也没有见过蛟龙的模样。其实,海市蜃楼是光在密度分布不均的空气中传播时发生折射或全反射现象而形成的。

夏季的时候,海面上下层空气温度比上层低、密度比上层大,折射率自然也比上层大。此时,我们可以将海面上的空气看成是由折射率不同的许多水平气层组成的。远处的亭台、楼阁、船舶、岛屿等发出的光线射向空中时,因为不断地被折射,越来越偏离原来的方向,进入上层空气的入射角不断增大,以致发生全反射,光线全部反射回地面,人们逆着光线看去,就会看到远方的景物悬在空中,这就是形成了海面上的海市蜃楼。

海市蜃楼不仅出现在海面上,也会在沙漠中显现。在沙漠中,白天沙石受太阳炙烤,沙层表面的气温迅速升高。由于空气传热性能差,在没有风的时候,沙漠上空的垂直气温差异非常显著,上层空气较下层空气温度低,上层空气的密度则较下层空气的密度高。当太阳光从密度高的空气层进入密度低的空气层时,光的速度发生了改变,经过光的折射,便将远

海市蜃楼

处的绿洲呈现在人们眼前了,这就形成了沙漠中的海市蜃楼。

其实，上述现象不仅发生在海面上、沙漠中，在柏油马路上偶尔也会出现。贴近热路面附近的空气层同热沙面附近的空气层一样，比上层空气的折射率小。从远处物体射向路面的光线，也可能发生全反射，从远处看去，路面显得格外明亮光滑，就像用水淋过一样。

美丽奇异的极光

50多年前的某天夜晚，人们在黑龙江省呼玛县的上空观察到了离奇的光变。7点多钟，西北方的天空中出现了几个稀有的彩色光点，接着，光点放射出不断变化的橙黄色的强烈光线。不久，光线渐渐模糊而形成幕状。而后，彩色逐渐变弱，到8点30分消失。但10点零3分，这一情景再次出现。

令人惊奇的是，在同一天晚上7点零7分，新疆北部阿尔泰山背后的天空也出现了鲜艳的红光，像山林起火一般。红色的天空里射出很多片状、垂直于地面形成的白而略带黄色的光带。渐渐地，这光带变成了银白色。这些光带呈辐射状，逐渐向天顶推进。各光带之间呈淡红色，并不断忽明忽暗。光带的长短也不断变化。7点40分左右，光带伸展到天顶附近，这时的光色最为鲜明，好似一束白绸带，飘扬在淡红色的天空中。大约10点，景色完全消失。

上述这种奇异的光变，被称为"极光"，通常出现在地球南北两极的高空。

我国早在几千年前就有了极光的记载，只是当时的人们不了解这种自然现象的起因，而把它当做灾难的先兆。随着科学的进步，人们不再相信这种迷信的说法，而开始从科学的角度来观察它、研究它。

目前，关于极光的成因有以下两种解释：

其一，极光是由于太阳的反射作用而形成的。在北极方面，以北冰洋四周或者北纬70度左右最常见，每年平均出现100多次。然而，这种解释似乎过于简单。

其二，极光与地球磁场和太阳辐射有关。当太阳黑子里发出的高能质子和电子到达地球时，受地球磁场的影响和南北两极地区的偏斜，大部分进入南极和北极地区，在下降过程中会碰撞高层大气的原子。大气原子受力而发出闪耀的光辉，形成极光。然而，这种解释也是基于一种推测，还有待于科学的进一步证实。

其实，极光之所以吸引我们，是因为其运动时所造成的瞬息万变的奇妙景象。我们形容事物变得快时常说："眼睛一眨，老母鸡变鸭。"极光可真是这样，翻手为云，覆手为雨，变幻莫测，而这一切又往往发生在几秒钟或数分钟之内。极光的运动变化，是自然界这个魔术大师，以天空为舞台上演的一出光的话剧，上下纵横成百上千公里，甚至还存在近万公里长的极光带。这种宏伟壮观的自然景象，好像沾了一点仙气似的，颇具神秘色彩。

神奇的极昼极夜现象

极昼与极夜是南极与北极的自然奇观之一,其给人们对这两块神秘的土地以更丰富的遐想。

所谓极昼,就是太阳总不落,天空总是亮的;所谓极夜,就是与极昼相反,太阳总不出来,天空总是黑的。

在南纬 90 度与北纬 90 度,即南极点与北极点上,昼夜交替的时间各为半年。也就是说,那里白天黑夜交替的时间是整整一年,一年中有半年是连续白天,半年是连续黑夜,那里的一天相当于其他大陆的一年。

那么,这种奇异的自然现象是如何形成的呢?

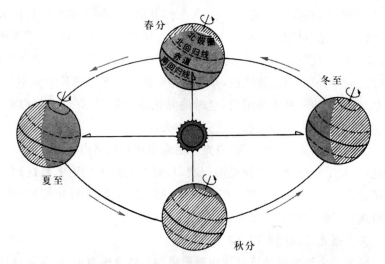

极昼极夜循环示意图

其实,这是地球沿着倾斜的地轴自转所造成的结果。

地球自转时地轴与垂线成一个约 23.5 度的倾斜角,因而地球在围绕着太阳公转的轨道上,有 6 个月的时间,南极和北极的其中一个极总是朝向太阳,另一个极总是背向太阳;如果南极朝向太阳,太阳光照射强烈,所以南极点在半年之内全是白天,没有黑夜;这时,北极则见不到太阳,北极点在半年之内全是黑夜,没有白天。到了下一个半年,则正好相反,北极朝向太阳,北极点全是白天;而南极这时则见不到太阳,南极点全是黑夜。

在南极点与北极点上,那里没有"日出而作,日落而息"的生活节律,没有一天24 小时的昼夜更替。每年,3 月 21 日到 9 月 23 日,北极点出现极昼,南极点出现极夜;9 月 23 日到第二年 3 月 21 日,南极点出现极昼,北极点出现极夜。

第四章 罕见的地理奇观

　　我们所生活的地球，有着无数的奥秘，它们让我们惊奇、令我们痴迷。如上坡容易下坡难的沈阳怪坡、荆江"九曲回肠"、神秘的"魔鬼山谷"、恐怖的"死亡山谷"、诡秘的"百慕大三角"……

诡异的沈阳怪坡

　　大千世界，无奇不有。人们都说"下坡容易上坡难"，但在沈阳市新城子区清水台镇阎家村蛤蟆岭附近的哈大公路段的东侧约 1000 米处，有一段长 70 多米、宽 15 米的坡路，却是一个"上坡容易下坡难"的奇怪路段。

　　一天，一位有多年汽车驾驶经验的司机驾驶着面包车路经这里，将车停在这段坡路的底部，摘挡熄火，跳下车到路边办事。这时车竟然在无人驾驶的情况下向坡路顶端冲了上去，一直冲出近 60 米。直到车轮被一块石头挡住，车才停了下来。

　　面对这汽车自动向上滑行的现象，司机感到非常费解。他带着疑惑和不解向人们述说了这一事情的经过。这样，这一具有神秘色彩的怪事很快就传开了，由此也引来了许多好奇的人进行反复试验，并且人们还发现，骑自行车和走路都会感到上坡省力，下坡费劲。

　　1992 年 5 月，《新晚报》刊登了另一位司机对沈阳"怪坡"的亲身体验：

　　前不久，我在一次电视节目中偶然看到这样一条消息，沈阳附近有一怪坡，自行车或汽车到此下坡时，自行车不蹬不往前走，汽车不加油门不往前行，觉得确是怪事一桩。惊奇之余，我仍有点将信将疑，心想还是眼见为实。

　　机会终于来了。5 月 14 日，我利用到沈阳出差的机会，办完事之后，一行三人于早晨驱车前往怪坡所在地。只见坡长约 70 米，宽约 15 米，正在这里参观的游客有 500 人左右。为了亲身体验怪坡之"怪"，我和同事及司机三人坐在车内，车在坡的上方，像平时一样，松开闸，不加油门，想让汽车顺坡下滑，但这时"怪事"发生了，汽车不但不向下滑行，反而向坡上移动。只有在加油门时，汽车才向下行走。

　　和那位司机相同，如不是亲身体验，沈阳怪坡这种反常的现象实在令人难以置信。我国当代著名诗人贺敬之参观完怪坡之后还留下这样的诗句："自然探秘，人生解惑，一题多思，沈阳怪坡。"但对于怪坡形成的原因，至今仍众说纷纭。

　　说法一：磁场作用

　　有人猜测，怪坡之所以能够吸引各种车辆或行人轻松西行，大概是因为怪坡西

沈阳怪坡

侧有一磁场的缘故。为了证实这一点,美籍华人物理学家李政道曾带着大小两个球体篮球和铁球亲临怪坡测试,结果两个球体都是向坡上滚动,由此看来,磁场一说不足以解释怪坡之谜。

说法二:重力位移

由于物体总是受地心引力的作用,按照力学的观点,物体遇到陡坡时,在不施加外力的情况下,物体都会沿着山坡向下滑动。对于怪坡上的物体不向坡下滑动而是向坡上移动的这种现象,也有人认为是某种原因重力场上的某个或某几个点分布异常造成的,但产生这种现象的范围不可能只限制在这几十米长的斜坡上。这一说法也被否定。

说法三:视觉差

有人则认为,这是由于怪坡特殊的地形、地貌造成了视觉上的误差。但是,在坡上无论是用水平仪测量还是测海拔高度,坡度和落差都有,坡度约为 1.87 度,而两侧的海拔高度落差为 1.2 米,这足以证明不是视觉差。

因各种说法都不能给怪坡以准确的科学定论,更使得它充满了诡异的色彩。沈阳怪坡这个神秘的地方,络绎不绝的游人游览时都充满了"临坡不枉此来游"的满足,而走时又都留下了"如此奥妙谁造化"的悬念。2009 年,世界纪录协会赐予了它"世界第一怪坡"的称号。

西安小雁塔的"离合"

小雁塔坐落在陕西省西安市南约 1 公里的荐福寺内。小雁塔与大雁塔东西相向,是唐代古都长安保留至今的两处重要标志性建筑。在漫长的历史岁月中,小雁塔还有一段"离合"的历史,而且这种"离合"的神迹共发生了 3 次。

第一次：1487 年，陕西发生了 6 级大地震，小雁塔中间从上到下裂开了一条一尺多宽的缝。然而，时隔 34 年之后，又因为一次大地震，那条裂缝居然在一夜之间合拢了，且没有留下任何痕迹。

第二次：1551 年，地震又一次把小雁塔从中间震裂。仅隔 8 年，那裂缝又在地震中自己复合了。

第三次：1691 年，小雁塔再一次因地震裂开，在事隔 31 年之后，又神奇地复合。

对此，人们百思不得其解，便把小雁塔的合拢称为"神合"。对于小雁塔的这种反复的自裂自合，人们作出了种种推测：

有人认为，小雁塔的离合和西安地区地面裂缝的发展和消亡的机理是一样的，是地壳运动在不同物体上的不同表现。是一种"同质异相"，即地裂、塔裂、地合、塔合。一般裂开时要快速猛烈一些，容易被人们注意到；而合拢起来则要缓慢得多。地壳在均衡和调整应力的作用下，会自动缓缓地合拢。由于合拢的速度慢，一般不为人们所注意。

但这种以地壳运动引起小雁塔的离合之说，还不能完全令人信服。因为在这 6 次地震中，除了小雁塔之外，并没有其他自动离合的例子出现，为什么唯独小雁塔会这样呢？

西安小雁塔

直至新中国成立以后，在一次修复时，人们才发现小雁塔不是"神合"，而是"人合"。原来，古代工匠根据西安的地质情况，特地将塔基用夯土筑成一个半圆球体，受震后压力均匀分散，这样小雁塔就像"不倒翁"一样，虽历经数次地震，但仍能屹立不倒！看来，我国在古代就出现了各种能工巧匠，他们高超的建筑技艺真是令人叹服！

神奇的白溢古寨

位于湖北省五峰土家族自治县城北边的白溢古寨，是我国著名的风景名胜，被列为"中国名胜"和"神州九奇"之一。这个神秘而古老的山寨，蕴藏着无数的自然奇观，特别是它以其举世罕见的"不解之谜"闻名遐迩。

那么，它都有哪些神奇的景观和不解之谜呢？

"夏冰冬暖"

白溢古寨寨西绝壁之下的山腰名为"夹湾",是方圆50平方米的一片怪石嶙峋之地,干不见水,但每年立夏前后天气转热时,慢慢结冰,立秋后随天气转冷而消融。伏天天气最热时,此处却冰冻三尺,呈现出"石上鲜花绿叶,石下冰凉三尺"的罕见自然奇观。国际洞穴专家实地考察后也未解其因。

"藏金洞"

传说,白溢古寨的绝壁之上有一土司藏宝的"藏金洞"。当时土司请石匠凿岩逐级而登,将金银财宝藏于悬崖上一个隐秘的洞中,为掩盖痕迹,土司又让石匠毁去台阶。最后,用刀将石匠杀害,顺手将刀插于壁下石缝中,以致屠刀拔不出来,所以至今仍能见到石缝中的刀尖。是否真有其事,地质专家也难以断定。

"地动石"

白溢古寨上湖坪有一巨石,人立其上用力踏地,只见地动山摇,15米外立足者,感觉犹如地震。其奥秘之所在,至今仍在探索之中。

"冷水谷"

白溢古寨上湖坪稻田所产之米,奇香可口,蒸熟后粒粒竖起,细长如杆。古时,地方官员把它定为"贡米",敬献给皇帝,因此成为华夏一绝。但米为何能熟后自立,没人知道其中的奥秘。

"银花金盆"

每到深秋的午夜,只见第二级绝壁之上银花竞放,接着在其下方出现一金盆,托起银花,光彩四射,清晰可见,由暗变明,再由明变暗,最后消失,大约持续30分钟,寨上农民多次亲眼目睹这一奇观。

"伟人共枕"

晴天时,从千丈岩隧洞两头处远望古寨山体,仿佛斯大林、毛泽东两位世界伟人头部紧紧挨在一起,南北相向而卧,共枕一席,形态十分逼真。就连斯大林的八字、毛泽东的高额和下巴上的痣都惟妙惟肖、栩栩如生。

南澳岛神秘古井

古井，在很多古城和其他风景胜地随处可见，但海滩上的古井肯定是很稀有且很神秘的。1962年夏天，广东省南澳岛的一位青年在海滩上发现了一口水井，并在井石四角的石缝中捡到四枚宋代铜钱。

这口古井是用花岗岩条石砌成，口径约1米，深约1.2米。在这样一片连接滔滔大海的海滩上，怎么会有一口古井呢？

据《南澳志》记载，1277年冬，元兵大举入侵南宋。南宋大臣陆秀夫、张世杰等护送年仅11岁的皇帝仓皇南逃。他们乘船登上南澳岛，修建行宫，挖掘水井。但不知为什么，人们后来发现了行宫遗址，却不见水井的影子。

经有关部门考察分析，发现古井所处的海滩原是滨海坡地，后因陆地下沉形成海滩。古井也就被海沙吞没了，所以难以被人发现。但当特大海潮袭来，惊涛骇浪卷走大量的沙层，古井便会显露出来。这种露井现象，自1962年后又出现过几次，并且都是在强台风掀起罕见的大海潮之后。

我们都知道，沿海的滩地为盐碱地，地下水因海水淹浸与掺和，多半为咸水或半咸水，既不能灌溉庄稼，也不能饮用。尽管四周是又咸又苦的海水，但这口井里涌出的水却质地纯净、清甜爽口。即使将苦咸的海水倒入井中，一会儿之后，井水依然纯净甘甜。这又是什么原因呢？

原来，当雨水降落到沿岸滩地表面以后，其中一部分会渗入地下，由于古井所处的海滩，因陆地下沉使地势明显降低，渗入地下的水便在重力的作用下，向古井海滩处汇集。一旦井露，地下水就有了出口，在水位差的压力作用下，就会在井底形成泉涌之势。同时，渗入地下的淡水，在底质为沙的古井内遇上海水，由于沙的孔隙中水质点较为稳定，淡水和咸海水的混合非常缓慢。又因为海水的比重要大于淡水，所以淡水可以"浮"在海水表面，并把海水压成一个凹面，淡水则成为一个双凸透镜的形状，人们将其称为"淡水透镜体"。难怪把苦咸的海水倒入古井，隔一会儿，人们汲上来的依然是淡水，因为海水沉到"淡水透镜体"下面去了。

但古井水质异常纯净的问题，仍给人们留下了疑问。有人用水质纯度测量表测得，古井的水比当地的自来水还要纯净，可储藏数年而不腐，这实在令人费解。

美丽的"月牙泉"

位于我国甘肃省敦煌市南5 000米处鸣沙山的月牙泉，自汉朝起即为"敦煌八景"之一，它古称沙井，俗名药泉。它东西长约218米，南北宽约54米，平均水深5

米,最深处也只有 7 米多,因湖面形似月牙而得名"月牙泉"。

月牙形的清泉,泉水碧绿,如翡翠般镶嵌在金子般的沙丘上。泉边芦苇茂密,微风起伏,碧波荡漾,水映沙山,蔚为奇观。在这广袤无垠的沙漠之中,如何会有这一弯月牙形的清泉呢?另外,我们都知道,肆虐的风沙不仅能吞噬城镇和村庄,而且能把耕地变为荒漠。为何月牙泉周围皆是黄沙,但月牙泉却能安然无恙呢?

敦煌"月牙泉"

相传,从前这里没有鸣沙山,也没有月牙泉,只有一座雷音寺。每一年的农历四月初八这一天,寺里都会举行浴佛节,善男信女都在寺里烧香敬佛,顶礼膜拜。有一次,当住持方丈端出一碗雷音寺祖传圣水,放在寺庙门前,准备进行"洒圣水"时,忽听一位外道术士大声挑衅,要与住持方丈一比高下。只见术士挥剑做法,口中念念有词,霎时,天昏地暗,狂风大作,黄沙铺天盖地地卷来,整个雷音寺都被埋在底下。奇怪的是寺庙门前那碗圣水却安然无恙,还放在原地,术士又使出浑身法术往碗里填沙,但碗内始终不进一颗沙粒。直至碗周围形成一座沙山,圣水碗还是安然如故。术士无奈,只好悻悻离去。刚走了几步,忽听轰隆一声,那碗圣水半边倾斜变成一湾清泉,术士则变成了一摊黑色顽石。原来这碗圣水本是佛祖释迦牟尼赐予雷音寺住持的,世代相传,专为人们消病除灾的,故称"圣水"。由于外道术士作孽残害生灵,便显灵惩罚,使碗倾泉涌,形成了月牙泉。

传说毕竟是传说,它可以为月牙泉增添一些神秘色彩,但绝不可信以为真。月牙泉的形成之谜,经过科学家们长期的探索与研究之后,答案终于得以揭开。

原来,鸣沙山的前山与后山之间的谷中蕴藏着泉水,这些泉水顺着地势由西向东不断渗出,在沙谷中形成一月牙形洼地,最后积水成湖。由于泉水源源不断地流入湖中,所以太阳也晒不干它。也有人认为,这是人工挖成的,因为月牙泉形状与半轮新月一模一样，好似人工刻意修饰的结果，再加之古籍中有"沙井"的记载，在许多人看来，既然称井必然是人力劳作的结果。

那么，月牙泉为什么能不被风沙吞没呢？

这主要是因为鸣沙山一年四季常刮东风或西风的缘故，这两种风向正好与月牙泉所在的山谷的趋向一致。由于月牙形沙丘周围的沙子在风力作用下，总是沿着山梁和坡面向上滚动，即使风力再大，沙子也不会被刮到泉中去。有时刮东北风，这效果就更明显。风顺着喇叭口进入山谷，由于地形急剧变窄受阻，便形成旋风，将沙子都卷上了沙山。"月牙泉"因此便可永葆青春。

千岛湖水下古城

千岛湖因湖内拥有星罗棋布的 1 078 个岛屿而闻名于世，但湖底有两座千年古城却鲜为人知。

千岛湖湖底之所以会有古城，是因为 1959 年兴建新安江水电站时，把始于汉唐年间的"狮城"、"贺城"淹没在了这片碧波之下。

贺城，又称淳安古城，始建于 208 年。贺城自古以来就是浙西重镇，为浙皖交界的战略用地，水路交通便捷。旧时的贺城经济富强，文化鼎盛，民间艺术资源丰富。古往今来，许多文人雅士都曾到过这里，并留下脍炙人口的名篇佳作及人文古迹。

狮城的历史要比贺城晚些。它又名遂安古城，据载，遂安县城为唐武德 4 年（621 年）迁至今遂安地界，其背依五狮山，所以又称狮城。之前的狮城水陆交通便利，也是浙西重镇，洪秀全之弟洪仁玕曾率太平军驻军北门。狮城城内多名胜古迹，有明清时期古塔、牌坊及岳庙、城隍庙、忠烈桥、五狮书院等古建筑，还有历代古墓葬。

1959 年，为了建造当时最大的水利枢纽工程新安江水电站，浙江省原淳安县、遂安县两县合并为现在的淳安县，29 万人从此离乡移居，狮城、贺城两座延续千年的古城，连同 27 个乡镇、1 000 多座村庄、30 万亩良田和数千间民房，悄然沉入了碧波万顷的千岛湖底。

半个世纪以后，新安江水电站慢慢退居为华东后备发电站，并渐渐淡出人们的视线，随之鹊起的是千岛湖作为旅游景点的美名。经过"破四旧"、旧城改造等史事，陆上完整的古城池已经很难找寻，千岛湖水下千年古城就在此时被人想起。

很多文物专家认为，当年的这场"水淹淳安城"显得太过仓促。据当年从古城搬出的老人回忆："狮城距离大坝很远，城里人没想到水这么快就到了，根本来不及搬。"由此看来，古老的狮城被普遍认为基本保存完整。当地旅游部门也表示，千岛湖水下古城——狮城和贺城在常年20℃水体中保存完好，4里城墙、5座城楼和11座牌坊在湖底基本完好，"乾隆四十二年"等字样清晰可见，古城有可能是至今保存较为完整和规模最大的水下建筑群。

四川龙大湾的奇怪现象

我国四川风景秀美，人杰地灵，素有"天府之国"的美誉。而在这块风水宝地上，同样存在许多奇怪的现象。如四川省威远县城东北约20千米处的山区，有一个叫龙大湾的地方。它的悬崖丛林中，经常会发出各种奇怪的声音。

自1995年6月以来，当地农民和附近煤矿工人，曾多次听到从龙大湾悬崖中发出的震耳的嘶叫声和炮声。开始时，只有少数人听到，当他们向人们谈起，人们都不以为然，有的说这是他们产生了幻觉，有的则认为他们是在开玩笑或危言耸听。直到7月15日这天清晨，阴森的山岩中又发出了长达6~8秒的嘶叫声。阴山脚下的农民闻声纷纷从屋里跑了出来，亲眼目睹了这一怪事。那声音像是有千万人在嘶叫，并伴有阵阵类似放炮的声响，让人胆战心惊！同时，人们还看到从半岩中冒出一股很浓的灰色烟雾。当时，这莫名的声音和浓烟，让人产生了极大的恐惧，谁也不敢前去一探究竟。

后来，这种现象频繁地出现，人们也就习以为常了。据当地居民和附近煤矿工人说，这种现象多发生在夏季。

原来，在龙大湾山上，有几个神秘洞穴。但每到下雨前后，洞中会冒出一股股巨大的水蒸气柱，甚是神秘。人们对它们更是充满了恐惧，唯恐避之不及。由于人迹罕至，天长日久，洞口已被草木泥土遮住，隐藏在茂密的树林中。这些洞穴都是竖直向下，且深不可测。不规则的洞口直径约1.5米，从上面抛下石头等硬物，碰撞洞壁的响声要持续数十秒，直至听不到声响。究竟有多深，没人敢去探测。

而这些声音的来历，据地质人员分析有可能有两种原因：一种原因是很久以前发生过什么重大事件，其声音被"印"在山岩中形成声音的"记忆"，外界一旦与当时的气候条件相似，便可能再次出现这种"记忆"。另一种原因可能是地壳裂变或地质岩移动引起的声响。而洞穴中的水蒸气完全是由地热引起的。但这些现象的谜底，还有待进一步考证、揭示。

之前，人们不知道龙大湾山岩发出的声音是从何而来，更不知道那些神秘的洞穴是如何形成的。所以，便把这种叫声说成是龙吟之声，把那些神秘的洞穴误认为是龙的通道，而雨后洞中冒出的巨大水蒸气柱便成了巨龙升天，龙大湾也因此而得名。

荆江为何"九曲回肠"

流经我国湖北省枝江至湖南省岳阳县城陵矶的荆江,因"九曲回肠"而闻名遐迩。荆江全长 423 千米。以藕池口为界,又分为上荆江和下荆江。下荆江段河长 240 千米,但直线距离仅 80 千米。因江水在这里绕有 16 个大弯,便产生了"九曲回肠"之说。

地质专家介绍说,这与水流的方向及河床构造运动有着直接的关系:因为上荆江由于河水的流向与河床构造运动一致,可以增强河流的纵向流速,河岸沉积物胶结程度相对较紧密,所以它的形态比较稳定和简单;但下荆的水流方向则与河床构造运动呈垂直相交状态,横向环流的冲刷作用非常厉害,再加上河岸沉积物比较松散,很容易被流水掏空,因而经过一段时间后,逐渐发展成了这种"九曲回肠"状的"自由河曲",即蜿蜒性河道。

这种"九曲回肠"的形成过程有着十分悠久的历史,甚至可以追溯到远古时期。

在遥远的先秦时期,长江出江陵进入广阔的云梦泽——我国湖北省江汉平原上的古湖泊群。当时荆江河槽淹没于其中,河床形态还不明显。同时,荆江以泛滥漫流的形式向东南缓缓汇注,长江泥沙也在云梦泽一带慢慢沉积。

到了秦汉时期,以江陵为顶点的荆江三角洲便开始形成。同时,江水呈扇状分流,并向东及南方扩散。处于高度湖沼阶段的下荆江,逐渐出现了一些分流水道,如涌水、夏水等。

随着时间的推移,到了魏晋南北朝时期,荆江两岸便出现许多穴口和汊流,使江水流量分泄。三角洲向东南发展的同时,云梦泽主体被迫向下推移。在今石首境内的下荆江河床已经开始形成。

唐宋时期,随着云梦泽的解体,上荆江河段穴口淤塞,荆江统一河床最后塑造完成。当时,在荆江两岸仍有 20 多个穴口,加上江北有扬水、夏水、鹤水分流,对下荆江流量起着调节作用,史称"宋以前,诸穴畅通,故江患差少",可见当时河床仍然比较稳定。

南宋时,金兵占据了北方,汉族人民大规模南迁加速了荆江河道的变化。那些南迁的汉民沿江筑堤围垸,扩大垦殖面积,致使荆江两岸穴口几乎完全堵塞。堤垸制止了河流在洪汛期向河滩漫溢,这样就把水流限制在河床里,经过一段时间后,由于泥沙的大量沉积,河床远远高于最初状态。

明代初期,这些穴口又重新被洪水淹没。隆庆年间,官府组织人员疏浚了其中的调弦口穴。水流经过弯道时,由于环流离心力的作用,凹岸在主流的冲刷下,逐渐崩塌后退,泥沙则在水流较缓的凸岸淤积,使得河湾逐渐延长。同时,河曲凸岸新近沉积的沙滩又引来了人们在此围筑堤埝,进行垦殖,凸岸的河床又得到了进一步的巩固。

如此一来,原本单一顺直的河流形状也迅速改变成了蜿蜒的河形。河流的曲度越来越大。经过岁月的铸造,最终形成了"九曲回肠"的现状。

金沙江为何急拐弯

万里长江从"世界屋脊"——青藏高原奔腾而下,在巴塘县城境内进入云南,但到了香格里拉县的沙松碧村时,却突然来了个100多度的急转弯,向东北方向转去,形成了著名的"长江第一湾"。

长江第一湾海拔1 850米,只须登临沙松碧村后面的小山,长江第一湾便可尽收眼底。夕阳之下,"V"字形大弯江面金光闪耀,斑斓无比,耀眼的金光映得四山金黄,而观者也笼罩在金光之中。渔舟往来于青江之上,渔网抛撒,金珠飞溅,景色奇美。

千百年来,这个壮观的大江湾,使无数古今中外游人都迷惑不解。即便是世世代代居住于此的江民们也不知道这弯是怎样形成的。对于外来人的这种疑惑,善于想象的江民们只好编出一些神话来应付。其中"金沙姑娘转身"的传说最为传奇。

相传,怒江、澜沧江和金沙江原是仙界三姐妹,一日她们结伴出游,半途发生争执,大姐、二姐固执地往南走了,但金沙姑娘立志要到太阳升起的东方寻找光明和爱情,到古鼓村后,告别两个姐姐,毅然转身东去。金沙姑娘转身处,就形成了这长江第一湾。

这样的传说固然很美丽,但却不足以说明"长江第一弯"的真正来由。那么,到底是什么原因造就了这万里长江第一弯呢?

金沙江

通过对金沙江的河流形态进行深入研究,有关学者提出了以下两种推断:

"河流袭夺"

有人认为,从前金沙江和怒江、澜沧江等一起并肩南流。在流经它们东面不远的地方,另外存在一条由西向东流淌的河流,暂且叫它"古长江"。急湍的古长江水不断地向西伸展着。随着时间的推移,终于有一天古长江与古金沙江在石鼓村附近相遇了。由于古长江地势比古金沙江要低些,所以滔滔的金沙江水便改变了方向,朝着低处的古长江谷地流去。于是,金沙江就成了长江的一部分。这种现象,在地貌学上称为"河流袭夺"。

地壳断裂

但也有人认为,金沙江之所以会发生这样奇怪的拐弯,与当地地壳断裂有关。因为他们发现在石鼓以下的虎跳峡是沿着一条很大的断层发育起来的。所以,他们推测金沙江在流淌的过程中,碰巧遇到这条断层,河流不得不来了一个大拐弯。

虽然,这两种说法都十分符合科学道理,但令人遗憾的是,当时留下来的遗迹,已经被无情的风雨侵蚀得面目全非,再也无从考证。所以,这两种意见争论了许多年,直到今天仍然没有取得一致看法。

神秘的"无底洞"

"无底洞"在希腊亚各斯古城的海滨里。

"无底洞"紧靠大海,一到海潮涨起之时,那些汹涌的海水就如排山倒海一般,向洞里灌去。并形成一股特别湍急的急流,发出"哗哗哗"的巨响。据人们估算,每天流进这个无底洞的海水足足有 3 万多吨。尽管每天都有那么多海水流入这个洞里,但是从来没有人见过它有被灌满的时候。对此,人们甚是奇怪,可又不明白其中原因,只好管它叫"无底洞"。

其实,也曾有人怀疑过这个"无底洞"是不是具有像石灰岩地区的漏斗、竖井、落水洞一类的地形。那样的地形,不管有多少水都不能把它们灌满。不过,这类地形的漏斗、竖井、落水洞都会有一个出口,流进去的水都会顺着出口流出去。但人们寻找了好多地方,并做了各种各样的努力,却一直没有找到希腊亚各斯古城海滨的这个"无底洞"的出口。

这种神秘的现象,吸引着世界各国地理学家们的关注,美国地理学会还专门派出一个考察队,来到希腊亚各斯古城的海滨,想揭开"无底洞"的秘密。

考察队先是在涨潮之前,将一种经久不变的深色染料放在海滨附近的海水里,等潮涨时,这种染料便随着海水一起流进"无底洞"。紧接着,考察队员们赶紧分头去观察附近的海面和岛上的各条河流、湖泊,看看有没有被这种染料染出颜色的海水。可是结果令他们大失所望,因为所有派出去的考察队员,没有一个人发现被染料染了颜色的海水。

后来,他们又怀疑是海水的量太大,把有颜色的海水稀释得太淡了,所以才看不出来。但是一时间又想不出更好的办法来考证,只好草草收兵,打道回了美国。

可是他们一直不甘心,过了几年以后,他们研究制造出来一种浅玫瑰色的塑料粒子,这种塑料粒子比海水稍轻一些,能够漂浮在水面上不沉底,也不会被海水溶解。考察队员们再次来到希腊亚各斯古城海滨的那个"无底洞"前。把130千克的塑料粒子都倒进了海水里。不一会儿,潮水滚滚而来,这些塑料粒子也顺着海水流进了"无底洞"。他们心想,现在,哪怕只有一粒塑料粒子在别的地方冒出来,我们就可以找到"无底洞"的出口了,就可以揭开这个"无底洞"的秘密了。

除了他们之外,考察队员们又发动了许多人,在各地域苦苦寻找,但整整寻找了一年多的时间,一颗塑料粒子也没有找到。

令人生畏的"魔鬼谷"

在青海省西部昆仑山脉与新疆阿尔金山脉交界的山区里,有一个长约100千米的山谷,别看它树木茂密、水草丰富,像个理想的天然牧场,但却有个十分凶险的魔力,人称"魔鬼谷"。

原来,每当人畜入谷之后,它便会呼风唤雨,电闪雷鸣,酿成人畜的伤亡。"魔鬼谷"谷地平均海拔约3 200千米,宽约30千米。南有昆仑山,北有阿尔金山,两山夹峙,狭长的谷地受到高空西风气流的影响,当气流前进至此,遇到山地的阻挡,便沿着山坡上升,气温不断下降,气流携带的水汽冷却凝结,极易形成降水。因此,这里长期雨量充沛,气候湿润。虽然地处内陆,但林木繁茂,牧草丰美。然而,这个看似理想的天然优良牧场,一遇天气变化,便会平地生风,雷电交加,尤其是滚滚炸雷,会震得山摇地动,成片的树木被烧得干焦枝残。一个原来美丽宁静的山谷,瞬间就变成了阴森恐怖的地狱。千百年来,这方圆百里的游牧民族都将此谷视为禁地。

青海省地质科学工作者多次冒着生命危险对这一谷地进行实地科学探察,终于明白了其"魔力"所在。原来,这是地层结构在作怪。这里的地层主要由强磁性玄武岩体构成,还有几十个铁矿脉及石英闪长岩体。这些岩体和铁矿带的电磁效应,引来雷电云层中的电荷,因而产生了空中放电,形成了炸雷。雷电一旦触到地面凸出的物体,就会产生尖端放电的现象,那些进入谷地的人和畜就成了雷电轰击的目标。可以这样说,魔鬼谷就是个雷击区,而这也是魔鬼谷的神秘所在。

神奇的"巨菜谷"

美国阿拉斯加州安哥拉东北部的麦坦纳加山谷是一个神奇的地方,因为那里的蔬菜长得硕大无比——土豆像篮球一样大,一棵白菜重达 40 千克,而豌豆和大豆能长到 2 米长。所以,人们将它称为"巨菜谷"。

也许有人会认为,这一定和蔬菜的品种有关。但科学实验却证明这和蔬菜的品种没有关系。有很多植物学家对"巨菜谷"生长出的蔬菜作了专门的考察研究,其结果是这些巨大的植物并不是什么与众不同的特殊品种,而是普通的植物。实验还证明,来自外地的植物,只要经过几代的繁衍,在这里都会变得出奇的高大。

那么,这个山谷的土地为什么能种植出如此巨大的蔬菜呢?这里面一定蕴藏着许多鲜为人知的秘密。科学家们各持己见,至今也没有一个统一的定论。

"巨菜谷"

日照时间论

有人认为,"巨菜谷"处于高纬度,夏季日照时间长。然而,位于相同纬度的其他地方并未见有如此高大的植物。

特别刺激论

有人认为,是"巨菜谷"富饶的土质或土中有什么特别的刺激植物生长的物质在起作用,但化验却提供不出可以用来说明此处土质特别优良的资料。

昼夜温差论

有人认为,这是当地悬殊的昼夜温差在起作用,但这同样无法说明气候条件类似的其他地方为什么与这个地方不一样。

条件综合论

还有人认为,起作用的是上述各条件的综合。类似纬度的其他地方由于不具备如此巧合的几个方面的条件,所以不会生长这种高大的植物。但是,这一说法同样难以令人信服。

近来,有人注意到一种寄生在植物幼芽上的细菌会分泌出一种赤霉素,这种植物激素具有促使植物神速生长的奇特效果。研究者据此认为,"巨菜谷"巨型植物的出现,可能是某种适宜于该地生长的微生物的功劳,但究竟是一种什么样的微生物,目前也还没有完全查清。看来,"巨菜谷"的秘密还有待人们进一步探索!

恢宏的埃及"金字塔"

埃及金字塔如中国的万里长城一样,被称为伟大的世界奇迹,它是埃及国家的象征和埃及人民的骄傲。

金字塔是古埃及法老和王后的陵墓,它们是用巨大石块修砌成的方锥形建筑,埃及人则称为"马斯塔巴"。因其形似汉字"金"字,故译作"金字塔"。埃及迄今已发现大大小小的金字塔110座,大多建于埃及古王朝时期。

金字塔的建造起源于古埃及的神话。传说,古埃及伟大的国王奥西里斯被自己的兄弟所害后,被扔到了尼罗河。后来又被碎尸扔到了埃及的各个角落。王后伊西丝悲痛欲绝,她费尽心思找到遗体,伏尸痛哭,几欲昏迷。太阳神被伊西丝的深情所打动。于是,帮她把尸块还原成尸体,做成干尸,即木乃伊。于是,奥西里斯再生,成为冥界的主宰。

从此以后,这个故事就在埃及流传开来。约在第二至第三王朝的时候,古埃及人产生了国王死后要成为神、他的灵魂要升天的观念。所以之后的每个法老死后,都要被制成木乃伊装入石棺,再送进"永久的住所"——金字塔中。古埃及人坚信这样做能让法老们的灵魂获得永生,并在3 000年后的极乐世界里复活。

那么,国王的陵墓为什么要建造成这种塔尖状呢?这有两个原因:

埃及金字塔

一是它象征着上天的天梯。在后来发现的《金字塔铭文》中有这样的记载:"为他(法老)建造起上天的天梯,以便他可由此上到天上。"金字塔就是这样的天梯。

二是对太阳神的崇拜。《金字塔铭文》中还有这样一段话:"天空把自己的光芒伸向你,以便你可以去到天上,犹如拉的眼睛一样。"古埃及太阳神"拉"的标志是太阳光芒,金字塔象征的就是刺向青天的太阳光芒,这是表示对太阳神的崇拜。参观过埃及金字塔的人都知道,当站在通往基泽的路上,在金字塔棱线的角度上向西方看去时,就可以看到金字塔像洒向大地的太阳光芒。

在古埃及人看来,冥界的生活与尘世类似,死者生前所用的一切要一应俱全。因此,每个法老的墓葬总会聚集大量的财富。而这恰恰又成为历代盗墓者垂涎的目标。为了防范法老的"灵魂"不被惊扰和抵挡盗墓者的盗窃活动,同时,也为了满足法老日益膨胀的权力炫耀欲望。金字塔的形式经历了由小到大、由砖到巨石的演变。公元前 27 世纪至公元前 26 世纪期间,古埃及人在吉萨建造了三座最大的金字塔。

第一座金字塔是第四王朝第二个国王胡夫的陵墓。它建于公元前 2690 年左右,原高 146.5 米,因年久风化,顶端剥落 10 米,现高 136.5 米;底座每边长 230 多米,三角面斜度 51 度,塔底面积 5.29 万平方米;塔身由 230 万块石头砌成,每块石头平均重 10 吨。该金字塔内部的通道对外开放,通道设计十分精巧。

第二座金字塔是胡夫儿子哈佛拉国王的陵墓。它建于公元前 2650 年,比胡夫的陵墓低 3 米,但建筑形式更加完美壮观,塔前建有庙宇等附属建筑和著名的狮身人面像。狮身人面像的面部参照哈佛拉,身体为狮子,高 22 米,长 57 米,仅雕像的一个耳朵就有两米高。整个雕像除了狮爪外,全由一块天然岩石雕琢而成。

第三座金字塔属于胡夫孙子门卡乌拉国王，建于公元前 2600 年左右。塔高 66 米，内部结构也较前两座粗糙。因为当时正是第四王朝衰落时期，所以字塔的建筑也开始衰落。

这三座金字塔都是精确的正方锥体，它们的四面都正对着东西南北四个方位的基点，相互以对角线相接，形成了气度恢弘的人造群峰。

2 000 年后，随着埃及国力资源的不足，以及建造金字塔热情的消退，法老们把"过剩"的精力投注到神庙的修建与装饰上。因此，后来建造的金字塔就逊色很多。4 000 年后，随着古埃及文明的衰落，金字塔早已脱离了它建造之初面对冥界的神秘意义，而成为人类古老文明的象征。

可以说，埃及金字塔是西方建筑的"祖师爷"。它们虽然经历了 5 000 年漫长的岁月洗礼，但仍然令人叹服不已。很难想象，在那古老的年代，没有起重设备，也没有滑轮，甚至连轮子都没有，只有粗陋的工程技术水平，他们是如何将重量与十辆汽车相当的大石块提升到金字塔上的？所以，在很长一段时间内，人们都对金字塔的来历表示质疑，它到底是人为修造的建筑，还是外星人遗弃的着陆标志？后来，经过严谨的科学考察，证实金字塔是人为建筑。

神秘的金字塔，历来是考古学者探索研究的对象。人们很想知道金字塔到底是怎么建造起来的，但从目前来看，这还需要考古学者们付出更多辛勤的汗水。

充满悬念的英国"巨石阵"

"巨石阵"又叫"圆形石林"，它是英国最著名的史前建筑遗迹，也是英国的旅游热点，每年都有 100 多万人从世界各地慕名前来参观。

"巨石阵"位于英国索尔兹伯里古城附近的阿姆斯伯里村，它的主体是由一根根巨大的石柱排列成几个完整的同心圆，这些巨石高的达 8 米，平均重量近 30 吨。然而，令人们惊奇的是，有不少重达 7 吨的巨石是横架在两根立着的石柱上的。

如此壮观的"巨石阵"，人们除了对它表示无比的惊叹外，还提出各种问题，如这个形态独特的"巨石阵"是谁建造的？它是用于军事防御，还是另有其他的用途？

但数百年来，没有人知道是谁建造了"巨石阵"，也没有人知道"巨石阵"的真正用途，而古老的传说和人们的种种推测，让"巨石阵"更增加了神秘的色彩。

传说，中沙利斯伯利平原上原本住着一群善良的巨人，他们最喜欢的活动便是手牵手围成圆圈唱歌跳舞，他们的喜悦神情与滑稽动作为人们带来许多欢乐，巨人们也成为当地人的开心果。然而，在毫无预警的一瞬间，巨人们突然僵化变成大石，手舞足蹈的动作也瞬间凝结，就此成为伫立在平原上的巨石群。

曾有一段时间，人们相当支持这一说法，因为从某一角度观看巨石群，确实与牵着手的巨人形象颇为吻合。但除此之外，也有人说这是恶魔运用魔力，让这些巨石从爱尔兰漂洋过海，来到沙利斯伯利平原，并把它们堆出现在的模样。

考古工作者并不相信这种神迹的力量，但在他们看来，这些巨石也不可能是通过人力运来的，而更可能是由覆盖地面的冰川带来的，但此后显然又经过人为的排列，否则不会在夏至那天与太阳升起的位置恰恰排列成一条直线。英国考古学家还推算，早在4 000～5 000年前，"巨石阵"就开始动工兴建了，工程前后延续了数百年，最后才形成与今天相似的格局。专家还指出，"巨石阵"的建筑期经历了三个阶段。

英国"巨石阵"

第一阶段可追溯至公元前1800年左右的新石器时代晚期，当时只是建造了一个圆形土堤，并在紧挨着土堤的沟里挖了56个坑，形成了一个圆圈。由于发现坑的考古学者名叫奥布里，故这些坑也被称作"奥布里坑"。

第二阶段是当第一块石头出现在"洞口"位置上，这是一块重约5吨的砂岩（又被称为"种石"），在此石出现200年之后，若干石柱才从英格兰西部的威尔士迁来，矗立在中央，并形成一大一小两个圆周。

第三阶段是从那块"种石"被挪走开始，人们运来了180块大砂岩，与原来的石柱重新排列成圆形和马蹄形结构。事实上，从现有的遗迹上，人们也可窥见"巨石阵"第三阶段的基本风貌。据估算，以当时的生产力水平，建造"巨石阵"需要至少3 000万小时的人工，相当于1万人工作整整1年。

对于它的用途，时至今日，考古学家也只是推测，可能是早期的英国某宗教部落举行仪式的地点或观测天象的地方。

20世纪80年代，"巨石阵"修复后即成为英国最热门的旅游景点之一。每当夏至这一天,来自世界各地的人们都会聚集在巨石阵周围等待日出,庆祝"夏至节"。

复活节岛上的神秘雕像

复活节岛以其石雕像而驰名于世。岛上有 1 000 座以上的巨大石雕像及石城遗迹。而正是这些巨大的石雕像,让复活节岛披上了神秘的面纱。

1722 年,荷兰海军上将雅格布·罗格文首次发现了举世瞩目的复活节岛。罗格文发现它的时候,在海图上用墨笔记下了一个点,因为这一天正好是基督教的"复活节",于是就在旁边写上"复活节岛"。从此该岛以"复活节岛"为人所知。

罗格文和他的船员们一踏上这个小岛,就被眼前的景象惊呆了。岛上山峦起伏,层峦叠嶂,拉诺·洛拉科火山的身影在蔚蓝的天幕上显得雄伟挺拔。岛上有许多石块砌成的墙壁、台阶和庙宇。在该岛的南部,他们还看到了一个巨大石墙的残迹,石墙的后边耸立着几百尊石像。

全岛被一种奇异而神秘的气氛所笼罩,而造成这种气氛的主角,便是那一座座高大的石像——它们或卧于山野荒坡,或躺倒在海边。其中有几十尊竖立在海边的人工平台上,单独一个或成群结队,面对大海,昂首远视。这些无腿的半身石像造型生动,高鼻梁、深眼窝、长耳朵、翘嘴巴,双手放在肚子上。石像一般高 5～10 米,重几十吨,最高的一尊有 22 米,重 300 多吨。有些石像头顶还带着红色的石帽。这些被当地人称作"莫埃"的石像由黝黑的玄武岩、凝灰岩雕凿而成,有些还用贝壳镶嵌成眼睛,炯炯有神。

这个三角形小岛位于东太平洋,面积还不到 120 平方千米。它离太平洋上的其他岛屿也相当遥远,离它最近的有人居住的岛屿是皮特克恩岛,也远在西边 200 公里处。可以说,复活节岛是地球上最孤独的一个岛屿。岛上也只有三座火山,整个岛屿都被火山熔岩和火山灰覆盖着,既没有一条河流,也没有任何树木,只有荒草在地上生长着,能活动的只有老鼠和极少数土著居民。

有学者认为,复活节岛人最初是从波利尼西亚的某个群岛上迁移过来的,他们从东南亚出发,经过漫长的岁月,途经伊里安岛、所罗门群岛、新喀里多尼亚岛、斐济群岛等岛屿,最后约于公元三四世纪时到达复活节岛。同时,也将雕凿石像的风俗带到了岛上,而且研究人员相信,第一批石帽出现于 1200～1300 年。并由于多种原因雕凿石像之风愈演愈烈。在古波利尼西亚人心目中,这些石雕像具有无比强大的神力,可以保佑他们的子孙。

至于他们运输石料的方式,根据现场留下的遗迹,科学家们猜测,他们先是在凿好的道路上铺满茅草和芦苇,然后用撬棒、绳索把平卧的石像搬到"大雪橇"上,再用绳子拉着"大雪橇"。到达目的地后,也是利用绳索和撬棒将石像竖立在事先挖好的坑里。1960年，美国考古学家穆罗曾带领岛上居民采用这种方法，成功地将7座16吨重的石像竖立了起来。

令人遗憾的是，约在1650年，这里发生了一场激烈的战争。岛上的两大集团——肥人和瘦人发生激战。被迫从事石像雕凿工作的瘦人起义，并采用迂回战术，突然袭击肥人，将肥人全部消灭。于是，石像雕凿工作也就中途停了下来。然后，岛屿又经历了多次火山袭击，生物逐渐被毁灭，慢慢变得人烟稀少、了无声息，只有丛丛坚固的石雕在挣扎挺立着。

"不沉潭"为何不沉

哪里的水不怕沉？人们第一个想到的肯定是死海，因为它盐的浓度高，其密度要比人体大得多，所以可以使人浮上来。但除了死海之外，在加拿大北部地区的帕尔斯奇湖东南部还有一处"不沉潭"。

它的发现，是在19世纪。当时，有一家姓鲍伊的印第安人迁来深潭附近定居。一天，他们的木筏遇到了飓风，一家7口人，有5人掉进了深潭之中，掉下水的人惊恐万状，拼命高呼"救命"，其他两个人的处境也十分危险。不一会儿，他们就挣扎得精疲力竭了，纷纷露出绝望的眼神……绝望之中，有人发现自己并没有下沉，觉得像被什么东西托住似的，他兴奋地把这一现象告诉了那些仍在挣扎的家人，大家得救了。

后来，有一个叫蒙罗西哥的法国人，一不小心也掉进了这个深潭，他和前面的人一样也侥幸逃脱厄运。对此他感到十分惊奇，事后他对人说道："那就像上帝的手，把我托了起来，使我不能下沉。"因此，人们就称这深潭为"上帝的圣潭"。

这一消息像长了翅膀，很快就传遍了世界各地。不但吸引来众多旅游者，许多科学家也纷纷慕名而来。开始时，有人以为这里的水跟死海的水一样含有浓盐，或是其他什么特殊的物质。

但在经过水质分析后，竟没有发现这里的水的比重与圣潭周围甚至整个帕尔斯奇湖水有什么不同。因此，许多专家学者都猜测水下有特异物质，当有物体落入水中时，这种特异物质就释放出某种能量，增大了水的比重，使物体能够浮在水面上。

但是，这一说法很快又被别的专家否定了。因为经他们试验，当人落水时取出水样来，然后与圣潭平静的水样相比较，其成分并未发生改变，也就是说，前后水样成分完全相同。

美国科罗拉多州物理学会的几位专家，协同圣弗朗西斯科海军基地和加拿大航海科学院，对"上帝的圣潭"进行了又一次测试。但是他们仍然一无所获。只是他们发现,圣潭不但排斥人类,而且排斥任何其他物质。仪器不能沉入,潜水员无法潜入水中,甚至有人还把钻石戒指扔了下去,但戒指也漂在水面上。

如今,在这 94 平方米的"上帝的圣潭"的区域内,还没有一样东西能够沉下去。对于这种现象,没有人能说得清是什么道理。

迷离的高黎贡山湖泊

我国云南怒江西岸的高黎贡山中地处亚热带山区,山势较高,山顶上常有积雪冰川,融化后的冰水,从山上流淌下来,在山间汇成了几十个嵌布于莽莽森林中的湖泊。这些湖泊平时湖水冰冷,涟漪不起,一片沉寂。但这些看似平静美丽的湖泊,却怪事连连,布满了离奇的迷雾。

原来,只要有人站在湖边大声说话或发出其他声响,原本晴朗的天空,就会瞬时变得乌云密布、狂风呼啸、大雨滂沱。这种奇怪的现象,附近居民都认为这是因为声音惊扰了湖神,是湖神发怒的缘故。所以,都对它们望而生畏,并将这里视为"禁地"。

但最终还是有人踏入了这块神秘的"禁地",同时遭到了"惩罚"。一次,中国科学院昆明动物研究所的一队工作人员来到这里采集标本,他们在一个长约 500 米、宽约 100 米、名叫子里庐比的湖畔遭到了这种"神灵的惩罚"。当时正是晴空万里,骄阳似火,一只兔子从草丛中窜了出来,有人举起猎枪,"叭、叭"连射了几枪,兔子应声倒地。人们正在兴高采烈地拾取猎物时,霎时大雾迎头罩来,晴朗的天空顿时变得天昏地暗,相互不见人影,接着就是狂风扑面、大雨倾盆。

之后,又有其他的工作人员在一个叫提巴比石庐比的湖畔,因放枪打兔子遭到了风雨的袭击。

这个消息传出去之后,人们将信将疑。为了验证事情的真假,有些人便结伴而来,在湖边故意仰天大声说话,不到一分钟,他们也亲尝了风雨交加的滋味。

那么,这些湖泊为什么会有如此神奇的力量呢?难道真是湖神发怒了吗?

根据地理学家的推测,这与当地的地形和气候条件有关。这里每年四五月到11 月为雨季,平时空气湿度很大,到了夏季气温升高,一些谷地的上空气温可高达40℃左右,这就使空气中有可能保持极高的湿度。但是,这里的湖水却因是源自山顶的雪水,温度很低,从而在湖面上保持了一个低温层。由于这些湖泊处于山谷洼地,平时很少有风,这使湖面的低温层与上空的高温高湿空气层能保持脆弱的平衡。但一旦有外界的声浪冲击,就会导致上下空气层的剧烈对流,造成狂风;高湿度的热空气遇到冷空气又迅速凝结成水滴,就产生了大雨。至于这一推测正确与否,尚有待于进一步考察证实。

好望角为何好望不好过

世界著名的好望角，位于大西洋和印度洋的汇合处。在这里，强劲的西风急流掀起的惊涛骇浪长年不断，除了风暴为害外，还常常有"杀人浪"出现。而"好望角"之意为"美好希望的海角"，如此凶险的海角，怎么会有这样美好的名字呢？

1487年，葡萄牙的探险家巴塞少缪·迪亚士奉葡萄牙国王之命，率领3艘探险船沿着非洲的西海岸南下驶往印度洋。当船队到了南纬33°的地方时，突然遇到了风暴，在海上漂泊了13个昼夜后风暴才停息，这时迪亚士决定向东航行，但是他们航行了几天，仍然没有发现非洲西海岸的影子。此时，迪亚士决定朝正北方向航行，几天后看见了一个东西走向的海岸线和一个海湾，这时船员们都不愿意再继续向东行驶，所以迪亚士只好带着船队返航，在返航的途中，接近了一个伸入海中的海角，此时，风暴再次降临，海面上巨浪滔天。船队经过了两天的奋力拼搏，才绕过了那个海角，驶入风平浪静的非洲西海岸。

在返航途中，他们再次经过这个海角时正值晴天丽日。葡萄牙历史学家巴若斯在描写这一激动人心的时刻时写道："船员们惊异地凝望着这个隐藏了多少世纪的壮美岬角。他们不仅发现了一个突兀的海角，而且发现了一个新的世界。"感慨万千的迪亚士据其经历将其命名为"风暴角"。

好望角

船队回到里斯本后，迪亚士向国王表示了自己的探险经过和命名为"风暴角"的海角，国王听后认为，绕过这个海角就有希望进入印度洋，到达黄金国印度，因此就把"风暴角"改名为"好望角"。

从此之后，好望角就开始成为欧洲人进入印度洋的指路标。由于好望角的地理位置特殊，海域几乎终年都是大风大浪。据统计，10多米高的海浪在这一海区屡见不鲜，每年有110天的海浪达到6～7米高，其余时间的浪高也在2米以上。好望角不仅是一个"风暴角"，还是一个"多难角"，从万吨远洋货轮到数十万吨的大型油轮都曾被这一海区的奇特巨浪打翻。因此有了"好望角好望不好过"的说法。最后，就连它的发现者迪亚士也葬身于此。据相关资料显示，自20世纪70年代以来，在好望角失事的万吨级航船已经超过了11

艘。在南部非洲的海图上都有关于好望角异常大浪的警告。

水文气象学家对"好望角为什么会有这么大的巨浪"这个问题探索了多年，最后终于揭开了其中的奥秘。

原来，好望角巨浪的形成不仅和大气环流特征有关，而且与当地海况及地理环境有着密切的关系。南半球是一个水域辽阔但陆地狭小的半球，自古以来就有"水半球"之称。好望角接近南纬40°，而南纬40°到南极圈是一个围绕地球一周的大水圈，广阔的海区最容易产生巨浪。而且在辽阔的海域里，海流突然遇到好望角大陆的侧向阻挡作用，这也是巨浪生成的重要原因。

除此之外，好望角巨浪的形成还有一个十分重要的原因，那就是它正好处在西风特别强的西风带上。在西风带上，11级的大风也是习以为常的事情。因此，南半球盛行的西风带被西方国家称为"咆哮西风带"，而好望角的航线则被比做"鬼门关"。

诡秘的"百慕大三角"

百慕大三角，位于大西洋上，面积45万平方英里。在这里不仅恶劣的天气能够摧毁飞机和船只，就是在风平浪静时，这片以迈阿密、北部的百慕大、南部的波多黎各为顶点的三角形水域，也夺去了很多人的生命。

1918年3月4日，美国海军塞克罗普斯号载着1万多吨的矿石及309名船员，到达此地后，整艘船便消失得无影无踪，没有留下任何痕迹，仿佛他们掉进了另外一个空间似的。

1932年4月，一艘英国的大型帆船伊姆比利克号被发现漂浮在海面上，奇怪的是船体完好如初，还保留着刚漆好的油漆，船上的帆整齐地卷放在一起，而船上所有的船员都不见了。

1945年12月5日，五架海军战斗巡逻机从佛罗里达州起飞，当时天气晴朗。经过1小时20分钟后，机群进入百慕大三角海域。突然在基地的无线电传出不可思议的通话："看不见了，方向不明，无法测知方位，我们身在何处？我有天旋地转的感觉，四周一片空白，我也不知道是怎么回事。情况很糟，失去方向了，连海也不见了……"随后五架飞机便消失了音信。

1948年1月29日，一架载客21人的英航四引擎飞机，在飞往百慕大的途中与塔台失去联络，雷达幕上也失去了踪影。

……

无数飞机、船只和人员都在此神秘消失，他们有的没有发出任何求救信号，便葬身于巨浪之下，长眠在飞机、船只构成的坟墓中，即使生还的人，也说不清到底发生了什么……由于事件迭出，人们便赋予这片海域以"魔鬼三角"、"厄运海"、"魔海"、"海轮的墓地"等诨号。这些诨号反过来又烘托了这里特有的神秘而恐怖的气氛。

百慕大三角的这些神秘失踪事件，究竟是什么在作祟？科学家运用已知的各种知识，去解释发生在百慕大三角的种种怪事。其中比较有代表性的是磁场说、黑洞说、陨石说和水桥说等。

磁场说

在百慕大三角出现的各种奇异事件中，罗盘失灵是最常发生的。这使人把它和地磁异常联系在一起。有人认为，百慕大三角的海底曾经有火山爆发，这些早已死去的火山仍然保留着相当一部分磁性，它能够远距离地干扰无线电导航系统，致使罗盘紊乱和失灵，从而引起海难的发生。

黑洞说

所谓的黑洞，是指天体中那些晚期恒星所具有的高磁场超密度的聚吸现象。它虽看不见，却能吞噬一切物质。不少学者指出，出现在百慕大三角区的机船不留痕迹的失踪事件，与宇宙黑洞的现象极为相似。

陨石说

据研究，约1500年前，有一个巨大的陨石从太空飞来，掉入大西洋。这块大陨石犹如一个大黑洞，具有极大的吸引力，连光线也能吸引进去，何况飞机、轮船。另外还有人认为，这可能是受到墨西哥半岛上的伯利兹的双重影响的缘故，因为在距离百慕大不远的伯利兹也曾经飞落过一颗陨石，当时它摧毁了地球的上万生灵，其尘埃在地球上空弥漫十年之久。

水桥说

据资料显示，有人在太平洋东南部的圣大杜岛沿海发现了在百慕大失踪船只的残骸。那么，到底是什么力量把这些残骸推到圣大杜岛上来的呢？有人猜测，百慕大三角区的海底有一股不同于海面潮水涌动流向的潜流。当上下两股潮流发生冲突时，就是海难产生的时候。而海难发生之后，那些船的残骸又被那股潜流拖到远处，这就是为什么在失事现场找不到失事船只的原因。

但是，这种种假说，只能解释其中的某一种现象，而无法彻底解开百慕大之谜。为此，科学家们还在进行努力的探索。

第五章　璀璨的宇宙星空

在群星闪烁的夜晚，仰望天际，我们就可以感觉到宇宙的神秘。然而，就连天文学家，对宇宙的了解也不多，因为现有的探测手段对于这个奥妙无穷的宇宙来说仍然相当落后。那么，你对宇宙星空的了解又有多少呢？宇宙几岁了？日食是如何形成的？月亮为什么有阴晴圆缺……

鸡蛋还是斗笠

千百年来，科学家们一直在探寻宇宙是如何形成的。

我国历史上，出现过天圆地方的"盖天说"、天地像鸡蛋的"浑天说"和天没有一定形状的"宣夜说"。

盖天说。早期的盖天说认为，天是圆形的，像一把张开的大伞覆盖在地上；地是方形的，像一个棋盘，日月星辰则像爬虫一样过往天空。但由于圆盖形的天与正方形的大地边缘无法吻合，很难自圆其说。于是又有人提出，天并不与地相接，而是像一把伞高悬在大地上空，中间有绳子缚住它的枢纽，四周还有八根柱子支撑着。"共工怒触不周山"和"女娲炼石补天"的神话正是以持这种见解的盖天说为依据的。但是，这八根柱子撑在什么地方呢？天盖的伞柄插在哪里？扯着大帐篷的绳子又拴在哪里？这些问题此说法都无法回答。因此，后来新的盖天说诞生了。新盖天说认为，天像覆盖着的斗笠，地像覆盖着的盘子，天和地并不相交，天地之间相距8万里。北极是盘子的中央，日月星辰绕之旋转不息，日月星辰的出没也并非真的出没，只是离远了就看不见，离得近了，就能看见它们的照耀。

浑天说。浑天说认为，天和地的关系就像鸡蛋中蛋白和蛋黄的关系一样，地被天包在当中。浑天说中天的形状，不像盖天说所说的那样是半球形的，而是一个南北短、东西长的椭圆球。对浑天说最系统、最完整的表达出自于东汉的张衡。他在《浑天仪注》一文中写道："浑天如鸡子，天体圆如弹丸。地如鸡子中黄，孤居于内，天大地小……天之包地如壳之裹黄。"天就像一个鸡蛋，大地像其中的蛋黄，天包着地如同蛋壳包着蛋黄。

宣夜说。宣夜说认为，根本不存在有形质的天，天色苍苍是由于它"高远无极"，就像远山色青、深谷黝黑，这都是它的表象。透过表象看本质，并不真的存在一个有形体、有颜色的天壳。这一学说还认为，日月众星自然地飘浮在太空之中，它的行和止,都是气的作用。否则,如果认为日月五星都缀附在天球上,随天一起绕地球运动,那么就不可能出现在天球上太阳每天东行一度、月亮每天东行十三度、其速度各不相同的现象了。宣夜说展示了一幅茫无涯际、无穷无尽的宇宙图像,在当时是有进步意义的。

现代科学指出,宇宙跟鸡蛋和斗笠没有任何关系,而是在一次无比壮观的大爆炸中诞生的,这就是 20 世纪著名的"大爆炸说"。

大爆炸理论诞生于 20 世纪 20 年代,在 40 年代得到补充和发展,但一直寂寂无闻。直到 50 年代,人们才开始广泛关注这个理论。

该理论认为,在爆炸发生之前,宇宙内的所存物质和能量都聚集到一起,并浓缩成很小的体积,温度极高,密度极大,之后发生了大爆炸。大爆炸使物质四散出击,宇宙空间不断膨胀,温度也相应下降,后来相继出现在宇宙中的所有星系、恒星、行星乃至生命,都是在这种不断膨胀冷却的过程中逐渐形成的。

尽管大爆炸理论本身还存在某些未解决的争论,如天文学家们还不能肯定星系是如何形成的,但这一理论还未遇到根本性的挑战。该理论的各项预言迄今为止经受住了所有的挑战。

不过,该理论还是留下了许多谜题,如在大爆炸之前,宇宙是什么样子? 在遥远的未来,当宇宙中最后一颗恒星耗尽了它的燃料的时候,又会发生什么……

宇宙几岁了

科学家原先认为宇宙的年龄为 100 亿~200 亿年。最近几年的一些研究者将这一范围进一步缩小至大约为 140 亿年左右。

确定宇宙年龄的主要方法之一是根据目前宇宙膨胀的速度向前推算,不过这种方法推算的年龄并不十分精确,还需要其他方法加以佐证。目前,科学家是根据发现的最古老的星体的年龄、最古老的星系的年龄及某些特殊元素含量的对比来推测宇宙的年龄,取得了一系列的进展。

2000 年 4 月,一个由法国、荷兰、德国和美国科学家组成的研究小组宣布发现了一个远在 135 亿光年的正在形成的星系团,这是迄今人类发现的最远的星系团。在天文学界,星系团的形成至今还是个谜。根据目前的理论,物质的聚集应该形成于宇宙大爆炸后产生的气体物质中。这些物质聚集后形成星体,然后又组成星系。根据这一发现进行推测,宇宙的年龄不会低于 135 亿年,但也不会超出这一数字太多,因为这一星系团是宇宙诞生初期的产物。

2002 年 4 月 24 日,天文学家们在美国宇航局的新闻发布会上介绍说,他们利用"哈勃"太空望远镜观测到了迄今所发现的银河系中最古老的白矮星。这为确定宇宙年龄提供了另外一种全新的途径。新方法推算出的宇宙年龄为 130 亿～140 亿年。

这些古老白矮星是在位于天蝎星座、距地球 7 000 光年的一个名为 M4 的球状星团中发现的。分析表明,这些白矮星的年龄为 120 亿～130 亿年。白矮星是宇宙中早期恒星燃尽后的产物,它会随着年龄的增长而逐渐冷却,因而被视为测量宇宙年龄的理想"时钟"。天文学家们比喻说,借助白矮星来估算宇宙的年龄,就好似通过余烬去推测一团炭火是何时熄灭的,原理上比较简单。但问题是白矮星会由于不断冷却而越来越暗淡,这是实际观测中所需要克服的困难。在观测 M4 球状星团的过程中,"哈勃"太空望远镜的观测能力发挥到了极致。望远镜上的照相机在 67 天中累计用了 8 天的曝光时间,才拍摄下迄今最暗淡、温度最低的白矮星照片。这些白矮星光线极其微弱,亮度不及人的肉眼所能看到的最暗星体的十亿分之一。宇宙中的首批恒星,最早可能是在诞生宇宙的"大爆炸"后不到 10 亿年间形成的。因此,将这 10 亿年时间考虑进去,结合最新的白矮星观测结果,推算出宇宙的年龄应该为 130 亿～140 亿年。

宇宙末日的秘密

宇宙会不会一直存在? 如果不是一直存在的话,那么宇宙的末日是哪一天? 它是怎么消亡的? 很多科学家提出"宇宙末日"论,对宇宙的末日有很多不同的说法,对此,主要有两种截然不同的观点。

宇宙将会"压缩而死"

科学家普遍认为,宇宙中有 5% 是构成星体和生命的普通物质,20% 可能是由我们还没有认识到的粒子构成的"暗物质",剩下 75% 的宇宙物质,科学家们用暗能量来加以解释。因此,对暗能量的考察研究,将对探询宇宙的未来具有关键的意义。

很多学者认为,决定宇宙命运的关键是宇宙间究竟有多少物质。他们指出,宇宙已经处在它的"中年时期",它的膨胀将逐渐变慢、停止,并且开始收缩。宇宙内所有的能量和物质最终将在"不久以后"的 110 亿年内塌缩成一个无限小的奇点,在这个奇点上,时间和空间将变得毫无意义。也就是说,宇宙将会因为压缩而死。

宇宙将会"膨胀而亡"

虽然学术界对于暗能量的性质及作用力的解释,目前还没有统一的看法。不过不少科学家相信,宇宙间的物质可以利用它们的万有引力使宇宙膨胀停下来,并

最终形成一个既不膨胀也不收缩的平衡状态。

但很多科学家却认为，如果暗能量的作用力方向与万有引力相反，即表现为斥力，那么，宇宙将会膨胀到无限的虚空而最终灭亡。也就是说，宇宙会膨胀而亡。

壮观美丽的银河

夏夜，当我们抬头仰望星空，那如练的银河一定会引起人无限的遐想。其实，我们所能看到的只是银河系的侧影，它的中心在南天的人马座。

银河系的中心离我们约3万光年，这实在不能算远。但由于星际尘埃对可见光有着严重的吸引作用，我们就无法看到银河系中心的庐山真面目。天文学家只有借助于射电、红外、X射线和Y射线，才初"见"端倪。

在离银河系中心1万多光年处，有两条膨胀着的氢气臂，一条向着太阳方向，速度为53千米/秒；另一条背着太阳方向，速度为153千米/秒。每条臂的质量都是太阳的1 000万倍。据分析，它们大约在7 000万年前就从银河系中心抛出。而在距中心1 000光年的更小范围内，还发现了一个环，那里有许多年轻的恒星、分子云和尘埃云。

美丽银河

在银河系中心区域还发现了8个强射电源，其中以"人马座"最强，它实际上又分为东、西两侧。西侧有一点状射电源，多亏它，才使我们确知银河系的真正核心之所在。在"人马座"的近旁，还发现了一个极强的红外源，它的"亮度"竟达到太阳的成千上万倍，那可能是一些热星或老年恒星，在距银河系核心约10天文单位的空间里，有着强大的X射线发射和正负电子湮灭辐射，因而很可能是一个大黑洞。

银河系的直径约10万光年，聚集1 000亿～2 000亿颗恒星，这堪称"庞然大物"了吧！其实不然，它在整个宇宙中仍然只是沧海一粟！

星系大概意识到自己的渺小，多半也不敢独处，如同恒星的群居一样，也常组成双重或多重星系。由10～100个星系组成的集体就叫星系群。包含我们银河系在内的这个星系群就叫本星系群，它共有近30个星系成员；其中的大、小麦哲伦云是离我们最近的河外星系，可也有20万光年左右的距离。

星系团由100～1 000个星系群组成。最大的星系团有上万个星系，目前发现的星系团也有上万个。其中，室女座星系团是我们的近邻。

比星系团更大的星系集体叫"超星系团"，这也是目前我们观察到的星系的最大系统。我们的银河系所在的超星系团就叫"本超星系团"。现在已发现了约50个超星系团，它们所含有的星系总数已在几十亿以上。作为几十亿分之一的银河系怎能不是"沧海一粟"呢！

神秘的黑洞

黑洞是天文学家所推测的一种特殊天体，它是由恒星塌缩而形成的。

众所周知，恒星是有寿命的。一颗质量超过太阳20倍的恒星，在它的核能耗尽后，质量仍然会超过太阳2倍。由于它自身仍然具有强大的吸引力，星体将无限制地收缩，半径越来越小，密度越来越大，终于达到临界点。这时它的引力大得足以使一切核子，包括光子，都不能外逸，就像一个漆黑的无底洞，因而称为"黑洞"。黑洞指的并不是一个实实在在的星球，而是一个几乎空空如也的天区。但是，黑洞的引力比其他天体的引力要大得多！一切物体只能在黑洞的引力范围之外游弋。假如掉进了黑洞，地球会紧缩成黄豆般大小，人就更加无法来比拟了。

1996年，天文学家们发现银河系中心的一个巨大黑洞，它以每秒200千米的速度绕银河系中心运动，离中心越近，其速度越快，其中心的射电源能量非常大，而体积却非常小。

黑洞是不能被直接观测到的，科学家是通过观察黑洞周围的恒星运动变化情况来证明它的存在的。当黑洞靠近一个天体时，它会吸走这个天体的部分物质。被吸引的物质呈螺旋状旋转，它所发出的X光能够被天文学家检测到，这样就能够勾画出黑洞的引力场图形。

生命之源——太阳

在人类历史上，太阳一直是许多人顶礼膜拜的对象。中华民族的先民把自己的祖先炎帝尊为太阳神。而在古希腊神话中，太阳神则是宙斯（万神之王）的儿子。对于人类来说，光辉的太阳无疑是宇宙中最重要的天体。

太阳在浩瀚的宇宙中谈不上有什么特殊性。组成银河系的大约有两千亿颗恒星,而太阳只是其中中等大小的一颗。只是因为它离地球最近,所以看上去是天空中最大、最亮的天体。太阳的质量相当于地球质量的 33 万多倍,体积大约是地球的 130 万倍,半径约为 70 万千米,是地球半径的 109 倍多,表面温度 5 770℃,中心温度 1 500 万℃。虽然如此,它在宇宙中也只是一个普通的恒星。

由里向外分别为太阳核反应区、太阳对流层、太阳大气层。其中心区不停地进行热核反应,所产生的能量以辐射方式向宇宙空间发射。其中二十二亿分之一的能量辐射到地球,成为地球上光和热的主要来源。

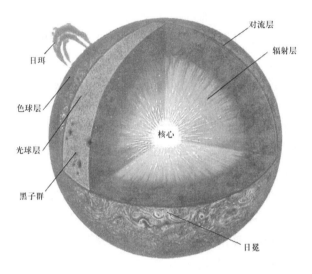

太阳结构示意图

太阳的大气层,像地球的大气层一样,可按不同的高度和不同的性质分成各个圈层,即光球、色球和日冕三层。太阳光球就是我们平常所看到的太阳圆面,通常所说的太阳半径也是指光球的半径。光球表面有一种著名的活动现象便是太阳黑子。黑子是光球层上的巨大气流旋涡。大多呈椭圆形,在明亮的光球背景反衬下显得比较黑暗,但实际上它们的温度高达 4 000℃左右,倘若能把黑子单独取出,一个大黑子便可以发出相当于满月的光芒。紧贴光球以上的一层大气称为色球层,平时不易被观测到,过去这一区域只是在日全食时才能看到。当月亮遮掩了光球明亮光辉的一瞬间,人们能发现日轮边缘上有一层玫瑰红的绚丽光彩,那就是色球。在色球上人们还能够看到许多腾起的火焰,这就是天文学上所谓的"日珥"。在日全食时的短暂瞬间,常常可以看到太阳周围除了绚丽的色球外,还有一大片白里透蓝、柔和美丽的晕光,这就是太阳大气的最外层——日冕。日冕的范围在色球之上,一直延伸到好几个太阳半径的地方,其中形成太阳风。

恒星也有自己的生命史,它们从诞生、成长到衰老,最终走向死亡。太阳也一样,科学家推测,它还可以继续燃烧约 50 亿年。在其存在的最后阶段,太阳的体积也将开始不断膨胀,直至将地球吞没。在经过一亿年的红巨星阶段后,太阳将突然塌缩成一颗白矮星。再经历几万亿年,它将最终完全冷却,然后慢慢地消失在黑暗里。

太阳几岁了

古代的人类,曾经认为太阳是正在熊熊燃烧着的一堆煤。虽说太阳的质量很大,但如果太阳真的在燃烧煤或油,根据每天消耗的能量,它只能烧五年就完了,那么太阳早应该熄火黑暗了。太阳能燃烧这么久,曾是科学上的一个谜。

1847 年,德国物理学家亥姆霍兹率先提出"能量守恒定律":能量既不能无中生有,也不会凭空消失,它只是从一种形式转化为另一种形式。那么,太阳的能量是从哪儿来的呢?

1896 年,法国物理学家贝克勒尔发现了"放射性",它与原子核的变化有关。不同的原子核拥有不同数量的质子和中子,由一种原子核变成另一种原子核的过程叫做"核反应",由此产生的能量就是核能。

1905 年,德国物理学家爱因斯坦提出了"狭义相对论",它有一个结论:质量乃是由极端集中的能量形成,很少的质量就能转化为巨大的能量。

于是,科学家们推测,假如太阳的能量也源自某种核反应,那么为了确保它像现在这样发光,就必须在每秒钟内将 460 万吨物质转化为能量。这个数字听起来好像很大,但是与太阳本身的巨大质量相比却微不足道,所以这个假设看来是可行的。

随着科学的发展,原子物理学揭示了太阳释放能量的本质。原来,太阳及天上所有的恒星都是在用聚变原子能。在太阳上,大约有 71% 是氢,27% 是氦,因此,太阳的能量来源必定涉及氢与氦的变化,其他任何元素的含量都太少,都不足以满足这方面的要求。而氢元素是宇宙中最普通的物质,太阳现在还有很多氢气,正在聚变成为氦的过程中,太阳自身的引力将聚合氢原子过程集中起来,在太阳中心温度高达 1 500 万℃,氢就可聚合成较重的氦,还有一部分氢变成能,成为热与光照向四方。

当太阳的氦开始聚合时,它将成为一个巨大的氦原子弹而爆炸,使直径扩大100 多倍。因膨胀过大,其表面温度反而会降低,使太阳表面的颜色从现在的高温白色变成低温的红色,成为一颗"红巨星"。

所以,如果太阳在一开始时是纯氢的,那么它大约要花 200 亿年的时间才能形成目前这么多的氦。不过,天体物理学家们已经证明,太阳在一开始就含有相当数

量的氦，由此推算出它的年龄在50亿岁左右。

太阳耀斑是怎么回事

我们常常可以听到"太阳耀斑"这个词，那么，什么是太阳耀斑呢？

太阳耀斑是太阳的一种强烈的活动现象。耀斑的最大特点是来势猛、能量大、发生很突然，消失又很快。耀斑一般只存在几分钟、十几分钟，极个别的能持续几个小时。

在短短的一二十分钟内，耀斑释放出的能量，相当于地球上十万至百万次强火山爆发的能量总和，真可谓惊天动地。耀斑产生在日冕的底层，下降到色球层。

耀斑与太阳黑子存在密切关系，在大的黑子群上面，很容易出现耀斑。小型耀斑伴随着太阳黑子的出现经常能见到，但特大耀斑只有在太阳活动峰年时才可能出现。

耀斑对地球空间环境造成很大影响。太阳色球层中一声爆炸，地球大气层即刻出现缭绕余音。当耀斑爆发时，会同时发出强烈的紫外线、X射线、Y射线，还有红外线、射电波、冲击波和高能粒子流等。当这些高能粒子到达地球轨道附近时，将会严重危及宇宙飞行器内的宇航员和仪器的安全。当耀斑辐射来到地球附近时，与大气分子发生剧烈碰撞，破坏电离层，使它失去反射无线电电波的功能。无线电通信尤其是短波通信，以及电视台、电台广播，会受到干扰甚至中断。耀斑发射的高能带电粒子流与地球高层大气作用，产生极光，并干扰地球磁场而引起磁暴。

此外，耀斑对气象和水文等方面也有着不同程度的直接或间接影响。正因为此，人们对耀斑爆发的探测和预报的关切程度与日俱增，正在努力揭开耀斑迷宫的奥秘。

日食是如何形成的

日食，特别是日全食，是天空中颇为壮观的景象。如果在晴朗的天气发生日全食，人们可以看到：好端端一个圆圆的太阳，它的西边边缘开始缺掉一块，所缺的面积逐渐扩大，当太阳呈一个月牙形时，天色逐渐昏暗下来，如同夜幕降临。当太阳全被遮住时，夜幕完全笼罩大地。突然，在原来太阳位置四周喷射出皎洁悦目的淡蓝色的日冕和红色的日珥。此后，太阳西边边缘又露出光芒，大地重见光明，太阳圆面上被遮的部分逐渐减少,太阳渐渐恢复了本来面貌。

日 食

其实,日食是月球绕地球转到太阳和地球中间时发生的。如果太阳、月球、地球三者正好排成或接近一条直线,月球挡住了射到地球上去的太阳光,月球身后的黑影正好落到地球上,这时会发生日食现象。在地球上月影里的人们开始看到阳光逐渐减弱,太阳面被圆的黑影遮住,天色转暗,全部遮住时,天空中可以看到最亮的恒星和行星,几分钟后,从月球黑影边缘逐渐露出阳光,开始生光、复圆。由于月球比地球小,只有在月影中的人们才能看到日食。

月球把太阳全部挡住时发生日全食,遮住一部分时发生日偏食,遮住太阳中央部分发生日环食。无论是日偏食、日全食还是日环食,时间都是很短的。发生日全食的延续时间不超过 7 分 31 秒,日环食的最长时间是 12 分 24 秒。在地球上能够看到日食的地区也很有限,这是因为月球比较小,它的本影也比较小而短,因而本影在地球上扫过的范围不广,时间不长,由于月球本影的平均长度(373 293 千米)小于月球与地球之间的平均距离(384 400 千米),就整个地球而言,日环食发生的次数多于日全食。

地球的卫士——月球

月球是地球唯一的天然卫星,与地球的平均距离为 38.44 万千米,是距离地球最近的自然天体。月球本身不会发光,我们看见的月光是它所反射的太阳光。月球的体积只有地球的 1/48,面积与亚洲面积差不多,质量约为地球的 1/81,密度为地球的 3/5。

所以,月球远不如地球结实。月球上的重力比地球上的重力小得多。宇航员从地球飞到月球上,第一个感觉就是身轻力大,健步如飞,三四米高的障碍物和十来米的深沟,可以一跃而过。在地球上 100 公斤的物体,到了月球上还不到 17 公斤,人们可以不费劲地把它举起来。宇航员在月球上行走,总觉得轻飘飘的。

关于月球,自古以来就有很多美丽的传说,如嫦娥奔月、玉兔捣药、吴刚伐桂等。实际上,月球是一个毫无生机的世界,没有空气和水,没有大气的保暖和海洋对温度的调节,昼夜温差相当大。根据测定,在太阳光照射的月面上,温度最高可达127℃,而黑夜又可降至－183℃,昼夜温差在300℃以上。月球上的磁场很弱,因此对生命有伤害的紫外辐射和高速带电粒子可以直奔月面。在这种自然条件下,月球上当然不会有生命的踪迹了。

月　球

月球上布满了大大小小的环形山。环形山有高有低,大小不一,最大的直径为236千米。直径在1千米以上的环形山大约有3万多个。一般认为,环形山多是陨星撞击的产物,也可能是火山爆发形成的。月球上还有十几条连绵不断的山脉,最长的有6 400多千米,最高的山峰高达9 000多米。

我们从地球上用肉眼能看到的月面上的暗斑称为"月海",它是月球上的平原或盆地。月球的自转周期与它绕地球公转的周期相等,都是27.3天,而且转动方向相同。因此,月球上的白天和黑夜都有半个月左右。最有趣的是,月球永远以正面对着地球。

1969年7月21日(北京时间),美国宇航员阿姆斯特朗和奥尔德林乘坐的"阿波罗"11号宇宙飞船,在经过75小时50分钟的飞行后,终于第一次成功登上了月球,从此开辟了人类航天史上的新纪元。首次登月的成功,使人们对月球的起源、结构及演化过程有了更进一步的了解。经多次考察表明,月球上的物质组成与地球很相似,月岩中含有铝、钙、铁、硅、钛、镁、钾等66种元素,很有开发价值。

月球能成为未来的能源基地吗

生活在地球上的我们期望有一天能在月亮上生活,那将是多么美好的一副景象。而且对于资源日益枯竭的地球来说,如果可以利用月球上的资源,那么月球将会在很大程度上缓解地球危机。

月球上有哪些宝贝

由于月球表面有一层厚厚的尘埃,那里面蕴藏着丰富的氦－3,它是氦的同素异形体,可以在不产生种子辐射的条件下发生核反应,比现行的核发电要环保得多。地球上由于氦的储存量不大,目前的热核反应无法应用这一优越的元素,但是月球上的充足资源将大大改观地球的能源危机状况。因此,随着科学的进一步发展,月球将成为地球巨大的氦资源库。

月球上还有丰富的金属元素。月球上的矿藏含量远远超过地球,月球上的矿藏都富含在岩石中,而且种类丰富,仅铁资源就可以让地球受用无穷。在地球上的17种常见矿产资源在月球上藏量可观,也是一笔巨大的财富。

当然月球上的宝贝还不止这些,对人类最重要的水资源在月球上也是储备丰富,而且提取水的过程简单易行,只要从月球土壤中提取冰类物质,就可以转化成丰富的淡水资源。对于日益缺水的地球和人类来说,这一资源无疑是巨大的诱惑。

梦想能够实现吗

长期以来,开发月球资源是人类孜孜以求的期望,丰富的铁、钛、铝等金属矿产资源及氦这样宝贵的核反应物质,还有蕴涵在矿石中的大量的固态水资源等,都需要经过严密勘测和大量试验及高密度的提取过程,其难度远超过在地球上开发能源。因此,要实现将月球资源为地球所用还需要人类长期不懈的努力。

月球上的无水喷泉

事实上,月球的表面并不是人们想象的那样光滑如丝,而是有类似喷泉一样的微粒带,更像经过摩擦后竖起的头发,包围着月球的表面。那么,究竟该怎样解释这一现象呢?

月球表面的微粒

大家都知道月球表面没有大气,那么介于月球和其他星体之间的宇宙尘埃就会在太阳光的照射下形成光柱。这些尘埃微粒就是形成月球表面喷泉现象的根本元素。每当有陨星坠落月球表面时,都会将这些微粒“溅”起来,也就形成了月球喷射出“泉水”的效果。之后,又由月球的引力将这些尘埃微粒吸回来,这样来回往复就形成了独特的“无水喷泉”景观。

喷泉背后的秘密

了解月球表面的喷泉现象对于研究月球意义重大。因为有了喷泉我们就难以观测到月球表面的许多坑洞,也就是月坑,且月坑中正是蕴涵大量月球水资源的所在。而月坑中很可能不带任何负电荷,因此研究月表喷泉的意义不亚于为地球开发了新的水资源,也就对未来人类移居月球提供了依据。

月亮为什么会有阴晴圆缺

浩瀚的星空中,最引人注目的天体要数月亮了,它那变化万千的外貌,它所承载的从古至今那么多美丽动人的神话传说,为人间平添了多少诗情画意! 不仅如此,月亮周期性的阴晴圆缺还是人们自古以来制定历法的根据之一。

大家知道,月亮本身不发光,只是把照射在它上面的太阳光的一部分反射出来,这样,对于地球上的观测者来说,随着太阳、月亮、地球相对位置的变化,在不同日期里月亮呈现出不同的形状,这就是月相的周期变化。

进一步说,虽然月亮被太阳照射时,总有半个球面是亮的,但由于月亮在不停地绕地球公转,时时改变着自己的位置,所以它正对着地球的半个球面与被太阳照亮的半个球面有时完全重合,有时完全不重合,有时一小部分重合,有时一大部分重合,这样月亮就表现出了阴晴圆缺变化。

所以,每当月球运行到太阳与地球之间,被太阳照亮的半球背对着地球时,人们在地球上就看不到月球,这一天称为"新月",也叫"朔日",这时是农历初一。

过了新月,月球顺着地球自转方向运行,亮区逐渐转向地球,在地球上就可看到露出一丝纤细银钩似的月球,出现在西方天空,弓背朝向夕阳,这一月相叫"峨眉月",这时是农历初三、初四。

随后,月球在天空里逐日远离太阳,到了农历初七、初八,半个亮区对着地球,人们可以看到半个月亮(凸面向西),这一月相叫"上弦月"。

当月球运行到地球的背日方向,即农历十五、十六、十七,月球的亮区全部对着地球,我们能看到一轮圆月,这一月相称为"满月",也叫"望"。

满月过后,亮区西侧开始亏缺,到农历二十二、二十三,又能看到半个月亮(凸面向东),这一月相叫做"下弦月"。在这一期间月球日渐向太阳靠拢,半夜时分才能从东方升起。

又过了四五天,月球又变成一个蛾眉形月牙,弓背朝向旭日,这一月相叫"残月"。当月球再次运行到日地之间,月亮又回到"朔"。

上弦月

月相就是这样周而复始地变化着。我们每天所看到的月亮,它的明暗、位置都会不一样,这种现象也称为月相的变化,又称为盈亏。月亮以由朔月经上弦月、满月到下弦月为一周期,这之间的时间刚好是一个月。因此,月亮的圆缺变化,可以说是由太阳、地球、月球三者之间的位置来决定的。

星星为什么总是眨眼睛

夏夜的天空,繁星密布,人们望着这些星星,发现它们一闪一闪的,就像在不停地眨眼睛,这是怎么回事呢?

大家都知道,地球的周围被一层厚厚的大气包着,就像穿着一件外衣一样。这些大气虽然看不见,摸不着,却对地球和地球上的生命有着极其重要的作用。而且,大气层内并不是均匀和静止不动的。阳光照在地球表面,不同地方就会有冷有热。热空气上升,冷空气下沉。这样就形成了空气的回圈流动,使大气层动荡不定,厚薄不一。

天上的星星实际上是宇宙中的恒星,它们像太阳一样燃烧发光,而且有很多比太阳还要巨大。只是因为距离地球太远,因此我们在地球上看起来,那些遥远的恒星就像一个个的亮点了。这些微弱的光,本来是沿直线传播的,但它在到达地球之前,要穿越地球周围厚厚的大气层。大气层的空气在不停地流动,使得星光产生折射,不停地改变星光的前进方向。人们在地球上看起来,星光像是在抖动,不停地闪烁着,这就是星星总是眨眼睛的原因。

青壮年恒星的秘密

和人类一样,恒星也需要经历生、老、病、死等各个阶段。

主序阶段是恒星的青壮年期,恒星在这一阶段停留的时间占整个寿命的90%以上,这是一个相对稳定的阶段。现在的太阳就在主序星阶段,它已经稳定地"燃烧"了足足50亿年。据估计,太阳在主序星阶段的时间可长达100亿年。与其他恒星相比,太阳的质量、温度和光度都大概居中,是一颗相当典型的主序星。

恒星的分布不是随机的,而是集中在几个区域内。最显眼的是自左上角到右下角沿对角线的一条窄带,大多数恒星,包括太阳都在从左上至右下的这一条对角线上,这条对角线被称为主星序,主星序上的

壮年主序星

恒星就被称为主序星,它们都处于一生中的氢燃烧阶段。从幼年期开始,恒星就在引力的作用下不断收缩。当中心温度达到 700 万℃时,恒星内部最丰富的元素——氢聚变成氦的热核反应开始了。这时星球内部的熊熊烈火烧透球壳,整个星球便成为一个大火球。这时的恒星可以长期处于稳定状态,这便是主序星。

当恒星演化为主序星时,它的亮度大小将由恒星的质量所决定。例如,质量为太阳 20 倍左右的恒星,在这个稳定的主序星阶段,将成为亮度和温度很高的蓝巨星或蓝白巨星;质量为太阳几倍的恒星,将成为白星或黄白星;质量与太阳差不多的恒星,便成为亮度和表面温度与太阳相仿的黄矮星;而质量小于太阳的恒星,则成为亮度很小、表面温度很低的红矮星。质量越大的恒星,光度越大,能量消耗也越快,停留在主序阶段的时间就越短。质量较小的恒星,稳定在主序星阶段的时间就较长,最长的可达 10 万亿年。例如,质量等于太阳质量的 15 倍、5 倍、1 倍、0.2 倍的恒星,处于主序阶段的时间分别为 1 千万年、7 千万年、100 亿年和 1 万亿年。总之,主序星的很多性质可以从研究太阳中得出,恒星研究的某些结果也可以用来了解太阳的某些性质。当恒星核的氢烧完后,它们就离开主序,开始氦燃烧而成为红巨星。

老年恒星的秘密

当一颗恒星度过它漫长的青壮年期——主序星阶段,步入老年期时,它将首先变为一颗红巨星。称它为"巨星",是突出它的体积巨大。在巨星阶段,恒星的体积将膨胀到十亿倍之多。称它为"红"巨星,是因为在这恒星迅速膨胀的同时,它的外表面离中心越来越远,所以温度将随之而降低,发出的光也就越来越偏红。不过,虽然温度降低了一些,可由于红巨星的体积是如此之大,它的光度也就变得很大,极为明亮。因此,肉眼能看到的最亮的星中,许多都是红巨星。

现代恒星演化理论认为,主星序中的许多恒星在其中心氢聚变为氦的核反应完毕后,都要向红巨星演化。质量高于 4 倍太阳质量的大恒星将成为红超巨星。恒星向红巨星的演化同质量损失和角动量损失可能有很大关系。红巨星一旦形成,就朝恒星的下一阶段——白矮星进发。红巨星是大多数恒星都要经过的重要演化阶段,但要搞清楚红巨星前后的演化过程,还需要解决许多实测问

老年红巨星

题和理论问题。

很多银河星团和球状星团都包含有红巨星。年轻的银河星团中没有红巨星，年老的银河星团中有的可以找到红巨星。在有的河外星系中也已经发现了红巨星。肉眼所见的红巨星中最亮的是大角，离我们最近的也是北河三和大角。猎户座的参宿四是天上最亮的红超巨星，是参宿七颗星中唯一的红星。

恒星的最后归属

在星体演化进程中，宇宙中近97％的恒星，包括我们的太阳，都最终会坍塌变成白矮星。即使有些恒星的质量是太阳质量的10倍之多，但恒星的归属就是这样。我们的太阳预期在50亿年之后，就会变成白矮星，然后死去。

白矮星就是这样一种很特殊的天体，因为它的颜色呈白色、体积比较矮小，因此被命名为白矮星。它的体积小、亮度低，但质量大、密度极高。体积比地球大不了多少的白矮星，质量却和太阳差不多。也就是说，它的密度在1 000万吨/立方米左右，而它表面的重力也等于地球表面的1 000万～10亿倍。在这样高的压力下，任何物体都已不复存在，连原子都被压碎了，电子脱离原子轨道变为自由电子。

白矮星就是这样一种晚期的恒星。根据现代恒星演化理论，白矮星是在红巨星的中心形成的。也有人认为，白矮星的前身可能是行星状星云的中心星。它的核能源已经基本耗尽，整个星体开始慢慢冷却、晶化，直至最后"死亡"。现今天文学家们发现，这种即将死亡的恒星核心应该存在一个与月球一样大小的结晶体。这是科学家们迄今为止发现的最大的钻石。这一发现还将有利于改进我们对银河系年龄的计算。

目前，人们已经观测到的白矮星有1 000多颗。天狼星的伴星是第一颗被人们发现的白矮星，也是所观测到的最亮的白矮星。根据观测资料统计，大约有3％的恒星是白矮星，但理论分析与推算认为，白矮星应占全部恒星的10％左右。

天上下起星星雨

在晴朗的夜空里，有时会看见一道明亮的闪光划破天幕，飞流而逝，这就是人们常见的流星现象。在太阳系的广袤空间中，布满了无数的尘埃般的小天体——流星体，当它们以高速闯入地球大气后，与大气产生摩擦，形成灼热发光现象，称作"流星"。由于流星体一般很小，大多数流星在大气高层中都烧毁气化了；也有少数大流星，在大气中没燃烧尽，落到地面的残骸就称为"陨星"，也叫"陨石"。

流 星

在通常情况下,流星好像夜空中的"散兵游勇",完全随机地出现于各个方位。除了这种"偶发"流星外,还有一类常常成群出现的流星群,它们有十分明显的规律性,出现在大致固定的日期、同样的范围,所以又叫周期流星。流星群是一群轨道大致相同的流星体,当冲入地球大气时,成为十分美丽壮观的流星雨。当它出现时,成千上万的流星宛如节日礼花一般从天空中某一点附近迸发出来,这一点就叫做辐射点,通常把辐射点所在的星座名作为该流星群的名字。例如,1833 年 11 月的狮子座流星雨,那是历史上最为壮观的一次大流星雨,每小时下落的流星数达35 000 个之多。

中国在公元前 687 年曾记录到天琴座流星雨,"夜中星陨如雨",这是世界上最早的关于流星雨的记载。

著名的扫帚星

彗星俗称扫把星、扫帚星,古人认为是不祥的象征。《天文略论》一书中写道:"彗星为怪异之星,有首有尾,像其形而名之曰扫把星。"与太阳系中其他小天体不同,彗星自古代便为人们所知。中国关于哈雷彗星的记载可追溯到至少公元前240 年。

彗星的起源是个未解之谜。有人提出,在太阳系外围有一个特大彗星区,那里约有 1000 亿颗彗星,叫奥尔特云;也有人认为,彗星是在木星或其他行星附近形成的;还有人认为,彗星是在太阳系的边远地区形成的;甚至有人认为,彗星是太阳系外的来客。

一般来说,彗星由彗头和彗尾组成。彗头包括彗核和彗发两部分,有的还有彗云。并不是所有的彗星都有彗核、彗发、彗尾等结构。彗星的体形庞大,但其质量却小得可怜，就连大彗星的质量也不到地球的万分之一。由于彗星是由冰冻着的各种杂质、尘埃组成的，在远离太阳时，它只是个云雾状的小斑点；而在靠近太阳时，因凝固体的蒸发、气化、膨胀、喷发，它就产生了彗尾。彗尾体积极大，可长达上亿千米。它形状各异，有的还不止一条，一般总向背离太阳的方向延伸，且越靠近太阳彗尾就越长。

彗星的轨道与行星的很不相同，彗星的轨道有椭圆、抛物线、双曲线三种。轨道为椭圆的彗星能定期回到太阳身边，称为周期彗星。轨道为抛物线或双曲线的彗星，终生只能接近太阳一次，而一旦离去，就会永不复返，称为非周期彗星。这类彗星或许原本就不是太阳系成员，它们只是来自太阳系之外的过客，无意中闯进了太阳系，而后又回到茫茫的宇宙深处。周期彗星又分为短周期（绕太阳公转周期短于200年）和长周期（绕太阳公转周期超过200年）彗星。周期彗星在经过太阳约10次后，大部分的冰和气体就会都消失了，留下岩石质的物体，在外观上与小行星十分相似。也许近地小行星中的一半是"死"彗星。当然，周期彗星可以脱离太阳系，非周期彗星也可以被"捕获"成周期彗星。目前，已经计算出600多颗彗星的轨道。

宇宙中彗星的数量极大，但目前观测到的仅约有1600颗。迄今为止，最著名的彗星要数哈雷彗星，它的运转周期是76年。当地球通过彗星的轨道有时会有流星雨。此外，彗星还可能与生命的起源有着重要的联系。

居无定所的北极星

处在小熊星座尾部位置的北极星其实只能算做二等星，又叫小熊座α星。当然它是该星座中最亮的一颗。往往我们学习星象知识都是先从北极星及北斗七星开始。但就是这样一颗"居其所，众星拱之"的北极星，它的位置却并不是恒定的。

北极星并不恒定

之所以北极星这么重要，是因为地球的自转轴始终指向它。但据天文学家的精确测算，北极星的位置并不是小熊座α星，以前曾是天龙座α星，以后将是仙王座γ星，再往后则是天琴座α星，即织女星。这么说来，北极星并不像过去古人说的那样"居其所"的，反而应该是居无定所才对。

捕捉北极星的影子

好学的人总希望多了解一些未知领域的知识，比如，学习星象位置了解天体变化，因此不少人对北极星产生了浓厚的兴趣。要找到北极星其实并不难，首先要做的是找到北斗七星,因为大家都知道这两个星分属于不同星座且关系密切。北斗星属于大熊星座,与目前北极星的小熊星座仅一字之差,我们可以通过站立的方向和仰视北斗星的斗柄与斗勺的方向来推测出北极星的位置。

调皮的脉冲星

脉冲星是体积很小、密度很大的星体,被称为中子星,它们小到直径仅有20公里。当这些星体旋转时,我们可以探测到它们所发射出的有规律的周期性电磁辐射脉冲。有些脉冲星旋转得非常快——最高可达每秒1000转!

脉冲星是在1967年首次被发现的。当时,还是一名女研究生的贝尔,发现狐狸星座有一颗星发出一种周期性的电波。经过仔细分析,科学家认为这是一种未知的天体。因为这种星体不断地发出电磁脉冲信号,人们就把它命名为脉冲星。脉冲星的发现,被称为20世纪60年代的四大天文学重要发现之一。

脉冲星发射的射电脉冲的周期性非常有规律。一开始,人们对此很困惑,甚至曾想到这可能是外星人在向我们发电报联系。经过几位天文学家一年的努力,终于证实,脉冲星就是正在快速自转的中子星。而且,正是由于它的快速自转而发射射电脉冲。

正如地球有磁场一样,恒星也有磁场;也正如地球在自转一样,恒星也都在自转着;还跟地球一样,恒星的磁场方向不一定跟自转轴在同一直线上。这样,每当恒星自转一周,它的磁场就会在空间画一个圆,而且可能扫过地球一次。

那么,岂不是所有恒星都能发脉冲了?其实不然,要发出像脉冲星那样的射电信号需要很强的磁场。而只有体积越小、质量越大的恒星,它的磁场才越强。而中子星正是这样高密度的恒星。

恐怖的"地狱"——金星

在所有的行星中,金星最靠近地球,但长期以来金星被厚厚的云层包裹着,天文学家始终看不见它的真面目,故而它展现给我们的只是一团谜。随着科学技术的发展,人们正在逐步揭开金星的神秘面纱。

金星从不远离太阳遨游,金星在早晨太阳出来前升起,在太阳下落后3小时再一次闪烁在夜空。金星是太阳系里最亮的行星,其亮度仅次于太阳和月亮。它发出的银白色亮光,璀璨夺目,因而有"太白金星"之说。西方人认为,美与爱的女神"维纳斯"就住在金星上。

那么,金星为什么会如此明亮呢?

一方面,金星被浓厚的大气云雾包围着,这层云雾反射日光的本领很强;另一方面,金星距离太阳很近,除水星外,金星是距离太阳第二近的行星,太阳照射到金星的光比照射到地球的光多一倍,所以这颗行星显得特别耀眼明亮。

金星自转十分独特,它的自转方向与地球相反。换句话说,从金星看太阳,太阳是从西方升起,在东方落下。

此外,金星自转的速度也非常缓慢。以前,有人试图对金星的自转周期进行测量,但结果让人感到非常不解。每个人使用的每种方法测出的数据都不相同;甚至同一个人用同一种方法测量,每次得出的数据也大不一样。直到 20 世纪 60 年代初,人们才发现,原来他们所测量的并不是金星,而是金星外围流动着的大气云雾。现在科学家已经精确地测出,一个金星日长达 116.8 个地球日。

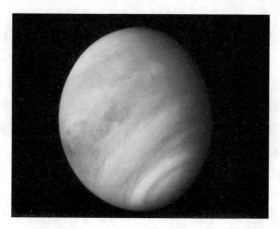

金　星

金星表面的特征与地球很相似,它有蜿蜒的山脉,辽阔的高原,还有盆地和平原。金星的体积、质量、重力等也分别与地球差不多,因此曾有人推测金星是地球的“孪生姐妹”,它上面可能存在与地球人相类似的金星人。但现在许多的事实表明,这对“姐妹”其实差别很大。甚至现在还有人直接称呼金星为“地狱”。

金星的天空是黄色的,这是因为金星的高空覆盖着一层浓厚的硫酸云雾。这种云雾具有强烈的腐蚀作用,因此金星上要下雨的话,下的一定是硫酸雨。恐怕也没有哪类动植物能经得住酸雨的洗礼,因此金星是个不毛之地。

不仅如此,金星的大气压几乎是地球大气的 100 倍,这相当于地球海洋 1 000 米深处的水压,人的身体是承受不起这么大的压力的。若人被安置在这种环境中,那他肯定会在一瞬间被压扁。

金星还是一个真正的大“熔炉”。金星的温度高得吓人,金星的表面温度比最靠近太阳的水星温度还高,竟然达到 460℃,这样的高温足以把动植物都烤焦。而且金星在黑夜里也并不冰冷,夜间的岩石就像通了电的电炉丝会发出暗红色的光。

这些都是由大气层二氧化碳温室效应造成的。金星的二氧化碳比地球上的二氧化碳多出了1万倍,这使金星热量只进不出。人在金星上喘不过气来,一准会闷死。

这里几乎每时每刻都有电闪雷鸣,因而经常让人掩耳抱头,避之不及。而且金星表面找不到一滴水,整个金星完全是一片特大的沙漠。这里整天狂风大作,尘沙铺天盖地,到处昏昏沉沉。金星向我们呈现的完全是一幅活生生的地狱画面。

一颗液体星球——木星

在距离太阳约8亿千米的地方,有一颗巨大的行星,它就是木星。我们若从太阳出发掠过水星、金星、地球和火星后,乍一看到木星时肯定会大吃一惊——太阳系竟然存在如此巨大的行星?

木星是太阳系中体积最大的一颗行星,它的体积是地球的1 300多倍,质量也大得惊人,大约是其他8颗行星质量总和的2.5倍,而且木星还有16颗卫星。因此,木星素来有太阳系"老大哥"的称号。

木　星

然而,这位"老大哥"个子虽大,却非常软弱无力,其平均密度还不及地球平均密度的1/4,平均每立方厘米的物质仅重1.33克,只比地球上的水稍重一点点。这无异于是在告诉我们,木星是液态的星球。实际上,木星也的确没有地球陆地那样的固体表面。其表面是液态氢形成的"海洋"。因此,如果人类能够登陆木星,那么他们在木星上是站不住脚的,他们只能像鱼儿一样游动着前进,或者他们可以把宇宙飞船建成水中的船舶一样,然后手握着划桨在木星上荡漾。

现在我们知道,木星上的氢气之所以会变成液态的形式,那是由于木星自身重量和体积太大的缘故。

　　木星是特殊的行星,这不仅因为它个大且重的缘故,还因为它具备了恒星的某些特征。首先,木星表面的温度为－148℃,而根据木星从太阳处获得的能量计算,木星表面的温度应该只有－168℃才对,那么中间20℃的温差怎样解释呢?

　　不仅如此,我国天文学家经过长期的研究发现,几千年来,太阳系的亮度正在呈现减弱的趋势,而木星却相反,它的亮度每年竟然会增加2%,并且每千年还会增加0.003个星等。这种反其道而行之的现象说明了什么呢?难道木星内部存在热源?

　　如果木星内部存在热源,那么木星在吸收且反射太阳能量的同时自身必然还要向外辐射热量。为了证明这一点,科学家进行了深入的研究,结果发现木星释放的能量是它从太阳那里所获得能量的两倍,这就说明其中的能量有一半来自木星内部,只有这样,才能合理解释木星能量为什么收支不平衡。

　　既然行星是无法自己发光发热的,那么发光发热的木星又怎会归属于行星呢?所以,很多科学家认为,木星并不是严格意义上的行星,他们相信,木星在未来会演变成真正的恒星。

　　木星是由液态氢和一些氦气所构成,它同太阳有类似的大气成分。虽然木星目前的体积和质量分别只及太阳的1/1 000,但科学家们指出,木星凭借自身巨大的引力,它正在吸收大量的星际气体和尘埃。木星的质量必将朝着越来越大的方向发展。而一旦木星质量比现在再大十几倍,它内部的物质就会发生热核反应。况且,木星仍在不断吸收太阳的热量,长此以往,木星的能量越来越大,且越来越热和亮。这样,30亿年后,当太阳临近它的暮年,木星就能一跃成为恒星,从而取代太阳的地位。最终木星会像太阳那样"木"光普照大地。

跑得飞快的行星——水星

　　水星是八大行星中最靠近太阳的,中国古代称水星为辰星。西方人叫它墨丘利,墨丘利是古罗马神话中专为众神传递信息的使者,而水星也不愧为信使的称号:它是太阳系中运动最快的行星。

　　水星公转平均速度为每秒48千米,公转周期约为88天。由于水星距离太阳太近了,个头又小,人们平时很难看到它。水星的表面和月球表面极为相似。水星的大气极为稀薄,昼夜温差很大,白天表面温度可达427℃以上,黑夜最低温度可降到

水星

－173℃左右。水星的半径为 2440 千米,是地球半径的 38.3％。水星的体积是地球的 5.62％,质量是地球的 0.05 倍。水星外貌如月球,内部却像地球,也分为壳、幔、核三层。天文学家推测水星的外壳是由硅酸盐构成的,其中心有个比月球还大的铁质内核。

水星表面大大小小的环形山星罗棋布,既有高山,也有平原,还有令人胆寒的悬崖峭壁。据统计,水星上的环形山有上千个,这些环形山比月亮上的环形山的坡度平缓些。水星在许多方面与月球相似,它的表面有许多陨石坑而且十分古老;它也没有板块运动。另一方面,水星的密度比月球大得多,水星是太阳系中仅次于地球密度的第二大天体。水星上最大的地貌特征之一是盆地,直径约为 1 300 千米,科学家们认为它与月球上最大的盆地相似。除了布满陨石坑的地形,水星也有相对平坦的平原,有些也许是古代火山运动的结果,但另一些大概是陨石所形成的喷出物沉积的结果。

水星上的温差是整个太阳系中最大的,相比之下,金星的温度略高些,但更为稳定。水星没有卫星,因此水星的夜晚是寂寞的,那里没有"月亮"。

充满神秘的 "小地球" ——火星

在太阳系的八大行星中,除了地球外,最吸引人们注意的要数火星了。一个多世纪以来,关于火星上有没有"火星人"的争论持续了好长时间。

火星是地球的近邻。如果说金星是我们的左邻,火星就是右舍了。它在地球的外侧、比地球大半倍的轨道上绕太阳运转。用肉眼观察,它的外表呈火红色。由于它荧荧如火,亮度常有变化,位置又不确定,而且充满神秘色彩,令人迷惑,所以我国古人称它为"荧惑星",以为它是不吉利的星。

火星与地球相比,有许多相似的地方。火星上既有春、夏、秋、冬四季的变化,

火星

也有白天和黑夜的交替;它的自转周期与地球相近,为 24 小时 37 分;火星上看到的太阳也是东升西落。但火星比地球小得多,它的直径相当于地球的 11％。因此,天文学家常把火星称为"天空中的小地球"。

火星的四季与地球的四季大不一样。火星的一年(火星公转一周)相当于地球上的 687 天,每个季节约为 172 天,差不多相当于地球上的 6 个月。火星的四季温差比昼夜温差小得多,白天最高温度可达 28℃,而夜间即可降到－132℃左右。

　　自 1962 年以来,前苏联和美国相继发射了 15 个火星探测器。1971 年 11 月 13 日,美国发射的"水手"9 号探测器,进入围绕火星运行的轨道,成为火星的第一个人造卫星,并发回了许多珍贵的观测资料。在随后的几年中,前苏联和美国先后的 3 艘飞船都成功地登上了火星。

　　通过一系列的实地观测,人们终于窥见了火星的真面目。原来火星上并没有什么"火星人",甚至没有找到任何生命的踪迹。

　　火星表面只不过是干燥、荒凉、寂寞、寒冷的旷野,满布着沙丘、岩石和火山口,原来曾引起天文学家高度重视的火星"运河",只是些排列成行、间隔很近的火山口。那个曾引起人们幻想的"极冠",只不过是二氧化碳冷凝的干冰。火星上既像撒哈拉大沙漠那样干燥,又像南极洲那样寒冷。它的峡谷比地球上最大的峡谷要大得多、深得多,而它的最高山峰的高度却是珠穆朗玛峰的 3 倍高。火星上也有大气,但极为稀薄,其中 95% 是二氧化碳,还有少量的氮气和氩气等。迄今为止,科学家们普遍确认,火星上没有任何生命形式存在。

最疏松的行星——土星

　　土星是太阳系八大行星之一,它的质量仅次于木星,是太阳系中的第二大行星。土星和木星一样也是一颗巨大的气体行星。它的直径约为 12 万千米,是地球的 6.5 倍;体积是地球的 730 倍。土星是最疏松的一颗行星,它的平均密度仅有 0.7 克/立方厘米,比水的还要小。假如将土星放入水中,它会浮在水面上。

　　土星的自转周期为 10 小时 14 分,公转周期为 29.5 年。由于自转太快,土星变成了一个扁球体,赤道半径要比两极半径大 6000 多千米。土星是由大约 75% 的氢气和 25% 的氦气及少量的水、甲烷、氨气和一些类似岩石的物质组成。另外,土星还有一条美丽的光环,土星光环由无数直径在 7.6 厘米至 9 米之间的冰块组成,以很快的速度围绕土星运转,并在太阳光的照耀下呈现出各种颜色。像其他类木行星一样,土

土星

星有一个极有意义的磁场区。土星上方同样覆盖着厚厚的云层,地面狂风肆虐,沿东西方向的风速可超过每小时 1600 公里。土星上空的云层就是这些狂风造成的,云层中含有大量的结晶氨。土星的卫星至少有 18 个,其中 9 个是 1900 年以前发现的。

土星在史前就被发现了。伽利略在 1610 年第一次通过望远镜观察到它，并记录下它的奇怪运行轨迹，但也被它给搞糊涂了。在 1977 年以前，土星的光环一直被认为是太阳系中唯一存在的。但在 1977 年，在天王星周围发现了暗淡的光环，在这以后不久，木星和海王星周围也发现了光环。

在无尽的夜空中，土星很容易被眼睛看到。尽管它可能不如木星那么明亮，但是它很容易被认出是颗行星，因为它不会像恒星那样"闪烁"。

躺着自转的行星——天王星

天王星是人类在太阳系中发现的第一颗新行星。在此之前，人们只知道太阳系中有水、金、地球、火、木、土六颗行星。1781 年 3 月 13 日晚，恒星天文学之父——赫歇耳用自制的大望远镜发现了天王星，这一发现，使人们第一次突破了太阳系以土星为界的范围，在天文学上具有深远意义。

天王星也是一个大行星，直径是地球的近 4 倍，体积是地球的 60 多倍。天王星绕太阳公转一周为 84 年，因此，它的星座间的位置变化很慢。天王星距离太阳的平均距离约为 28.64 亿千米，约等于地球与太阳距离的 19 倍。由于距离太阳十分遥远，它从太阳得到的热量极其微弱。据测算，天王星的表面温度在 −200℃ 以下。

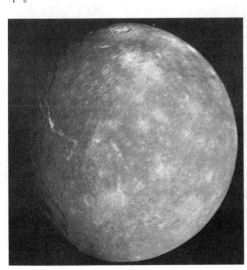

天王星

天王星的自转周期为 15.5 小时，但自转运动非常奇特。如果把它的自转轴看做它的"躯干"方向，那么它不是立着自转，而是躺着自转的。因此，它在 84 年公转一周的过程中，有时是"头"顶着太阳，有时又是"脚板"对着太阳。这种奇特的自转运动，使天王星一年的"四季"变化很不寻常。在"夏季"和"冬季"，天王星的转轴朝着太阳，这时向阳的那一面将长期、持续地受到阳光的照射，天天是白昼，因而气温较高；而背阴的一面在若干年内天天是黑夜，因而气温较低。在"春季"和"秋季"，天王星上有了白天和黑夜之分。不过，越靠近两极，有昼夜变化的年月就越短。

已经发现天王星共有 5 颗卫星，其中天卫三和天卫四都是赫歇耳于 1786 年发现的，而距离天王星最近的天卫五直到 1948 年才被天文学家发现。以前，人们只知道土星有一个美丽的光环。1977年3月,天王星正好掩食了一颗恒星(即挡住了恒星的光),这是非常罕见的现象,天文学家抓紧机会进行观测,结果发现,天王星的周围也像土星那样,有一个美丽的光环,光环中包含有大大小小的9条环带。由于后来又发现了木星也有光环,人们推测海王星有光环。看来,行星环是几个较大行星的共同特征。

美丽的蓝色星球——海王星

在古希腊神话中,海王星代表海神波塞冬。这是由于从地球上看去,海王星泛着淡蓝色的光芒,所以西方人才将其比喻成海神。其实,海王星的大气是蓝色的,是由于大气中甲烷吸收了日光中的红光造成的。

海王星是太阳系中第四大天体。海王星在直径上小于天王星,但质量比它大。它的赤道半径为24 750千米,是地球赤道半径的3.88倍,海王星呈扁球形,它的体积是地球体积的57倍,质量是地球质量的17.22倍,平均密度为1.66克/立方厘米。海王星的自转周期为22小时左右。它以平均每秒5.43千米的速度公转,大约要164.8年才能绕太阳一周,从1846年发现到现在,它还没走完一个全程呢!海王星距离太阳太远了,所以那儿太阳光的强度很弱,因此海王星的表面温度极低,大气下的冰层估计有8000千米厚,比地球半径还大。

海王星的组成成分与天王星的很相似——各种各样的"冰"和少量岩石。海王星表面主要也是由气体组成,也有类似木星表面的大红斑风暴云,我们称为大黑斑,这个大风暴约是木星大红斑的一半,但也容得下整个地球。海王星上的风暴是太阳系中最快的,时速达到2 000千米。海王星的磁场和天王星的一样,位置十分古怪,这很可能是由于行星地壳中层传导性的物质(大概是水)的运动而造成的。海王星也有如土星的环,只是此环比天王星更细,此环是由微小的陨石猛烈地撞击海王星的卫星所造成的灰尘微粒而形成。它有8颗已知卫

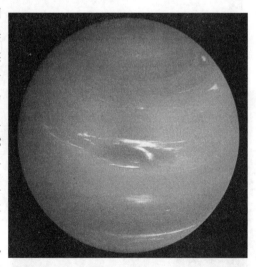

海王星

星;7颗小卫星和巨大的海卫——崔顿。崔顿是海王星最大的卫星,也是太阳系中最冷的星体,温度为−23℃。有别于太阳系中大部分的卫星,崔顿是以海王星自转的反方向来绕其母行星运行。

海王星并不是天文学家们通过望远镜发现的,而是通过数学和物理定律发现

的。海王星的发现极好地说明了近代科学理论的精确性，成为科学史上的佳话。目前，仅有一艘宇宙飞船旅行者 2 号于 1989 年 8 月 25 日造访过海王星。我们所知的关于海王星的信息，几乎全部来自这次短暂的会面。

被开除行星籍的星星——冥王星

在古希腊神话中，冥王星代表冥王哈迪斯。这是由于冥王星离太阳太远，以至于一直沉默在无尽的黑暗之中。

在 19 世纪末，很多天文学家推测海王星之外还有别的行星，他们叫这颗星"行星 X"，是未知行星的意思。1930 年，冥王星被发现并被国际天文学联合会正式确认为行星，然而一些天文学家对其行星的身份仍持怀疑态度。在刚被发现时，它的体积被认为有地球的数倍大，但随着时间的推移和天文观测仪器的不断升级，人们发现的体积要远远小于当初的估计。后来，到了 2006 年 8 月 24 日，国际天文学联合会大会又发布决议：冥王星被视为太阳系的"矮行星"，不再被视为行星。至此，冥王星最终被开除出行星籍。太阳系也由九大行星变成了八大行星。

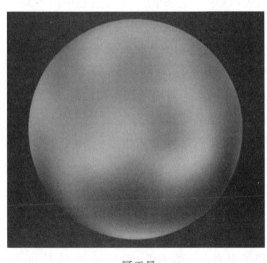
冥王星

冥王星的质量为地球质量的 0.0024 倍，体积为地球体积的 0.009 倍，赤道直径约为 2400 千米，平均密度为 1.5 克/立方厘米。它是太阳系中最小的一颗"行星"。太阳系甚至有七颗卫星比冥王星大，它甚至还没有月球大。冥王星距离太阳太远，接受太阳辐射极少，所以表面温度很低，估计表面平均温度低于 −200℃。如此的低温使大部分物质已凝结为固态或液态，只有氢、氦、氖还可能是气态。因此，冥王星如果有大气的话，也是极稀薄、透明的。

冥王星的公转周期为 248 年。它绕太阳公转的轨道非常奇特，是一个扁长的椭圆形。因此，冥王星离太阳最近时只有 43 亿千米，比海王星离太阳还近；离太阳最远时可达 72 亿千米。冥王星的自转周期比较长，约为 6 天零 9 个小时。

目前发现冥王星只有一颗卫星，被命名为"查龙"。查龙的公转周期与冥王星的自转周期一样，这样的卫星也叫做同步卫星，这是太阳系内唯一的一颗天然的同步卫星，因此在冥王星上看到它的卫星是一个静止不动的大"月亮"。查龙的直径为 850 千米，是冥王星的 1/3。对于个头不算大的冥王星来说，这颗卫星确实有点大得出奇了。

第六章　难解的历史迷雾

历史长河留给我们太多迷惑，直到今天许多历史迷雾仍难拨开。如"北京人"头骨下落在何方？乾陵的石像为什么没有脑袋？武则天为什么要立"无字碑"？马王堆女尸为何不腐……

"北京人"头骨下落何方

周口店北京人遗址的发现是非常偶然的。1914年年初，瑞典著名地质学家安特生接受中国政府的聘请，来华担任矿政顾问。安特生爱好广泛，学识渊博，不仅是一位享有盛名的学者，还是一位出色的探险家。他来华后，非常关心中国各地的"龙骨"。1918年2月的一天，他偶然听说周口店附近一个叫龙骨山的地方有"龙骨"和石灰岩洞穴，于是只身前往，对一小块遭到破坏的含化石的堆积物进行了小规模发掘，仅找到了两种啮类和一个种的食肉类化石，收获不大。此后的1921年和1923年由外国学者单方对另一地点又做了两次小规模的调查和试掘，发现了更多种动物化石，但没有达到寻找人类远古祖先遗骸的预期目的。

直到1926年夏，外国学者在整理那一批化石标本时认出了一颗明确的人牙后，才再次引起了中外学者的广泛兴趣。

1927年，在周口店第一地点中段进行了系统的大规模发掘，挖掘深度近20米，挖出了动物化石标本500箱，特别是找到了一颗保存完好的人牙化石。

1929年，一颗沉睡在地下几十万年的完整的北京人头盖骨终于重见天日，这个消息震惊了全世界。以后的发掘取得了更为丰硕的成果，仅1936年11月间，贾兰坡就发现了相当完整的三个北京人头盖骨，再次引起轰动。

北京人化石的出土，是一个震惊世界的重大发现。然而，令人十分痛心的是，所有20世纪二三十年代发现的北京人化石，均于1941年的太平洋战争中在美国人手中失踪，至今不知去向。

有人说，北京猿人化石在秦皇岛被运上"哈里森总统号"邮船，在赴美途中与邮船一起沉入海底。

也有人说，邮船被日军俘虏，化石被日军截留，后来几经易手，终于下落不明。

还有人说，北京猿人化石根本就未出北京城，他被埋在美国驻京公使馆的后院里。

失踪 64 年的"北京人"头骨究竟在哪里？迄今为止,尚没有任何明确的消息。

秦始皇陵地宫六大谜团

秦始皇陵是一座充满了神奇色彩的地下"王国"。那幽深的地宫更是谜团重重,地宫的内部结构至今尚不完全清楚,千百年来引发了多少猜测与遐想。

谜团一,地宫有多深

司马迁说"穿三泉",《汉旧仪》则言"已深已极"。说明地宫深度挖至不能再挖的地步,至深至极的地宫究竟有多深呢？

谜团二,地宫有几道门

2002 年 9 月 17 日,考古学家欲探测地宫内部空间。当考古学家从第一道石门洞口将机器人放进去之后,想不到机器人又碰到了一道石门。举世瞩目的地宫考古工程只好搁浅。那么,秦陵地宫到底有几道墓门呢？

谜团三,地宫埋"水银"之谜

《史记》《汉书》中都有秦始皇陵以水银为江河大海。然而,陵墓中究竟有没有水银,始终是一个谜。

谜团四,地宫珍宝知多少

司马迁说地宫"奇器珍怪徙藏满之",早于司马迁的大学者刘向也曾发出感叹:"自古至今,葬未有如始皇者也。"那么,这座神奇的地宫珍藏了哪些迷人的珍宝呢？

谜团五,秦始皇使用什么样的棺椁

司马迁只留下一句"下铜而致椁"的含糊记录,于是有学者据此得出秦始皇使用的是铜棺。然而,从先秦及西汉的棺椁制度考察,使用大型木椁是当时天子的特权,自命功劳大过三皇五帝的秦始皇是否会放弃大型的木椁而改用其他棺椁呢？

谜团六,秦始皇遗体是否保存完好

20 世纪 70 年代中期,长沙马王堆汉墓"女尸"的发现震惊中外。其尸骨保存完好举世罕见。由此,有人推测秦始皇的遗体也会完好地保存下来。虽然客观上具备保护遗体条件,但秦始皇遗体是否完好地保存下来了呢？

秦皇陵地宫之谜,远远不止以上这些,但不管怎样,随着时间的推移、考古的发现,这些谜团终将被解开。

"兵马俑"是如何制作的

在秦始皇陵中,有如同真人真马的陶俑陶马共 8 000 件。陶俑身材高大,约

1.8米左右,容貌不一,神态各异,整装待发,浑然一体;陶马则昂首肃立,肌肉丰满,装备齐全,栩栩如生。这些陶人陶马的精良和完美令人叹服！这是一个人间奇迹,也是一个难解之谜。

为何没有统帅俑

秦始皇陵中的陶俑无论是步兵、弩兵、骑兵、车兵,都属于武士俑,并不见统帅俑。

秦兵马俑

有人认为,可能是按秦制,每次出征前由秦王指令,一名将帅任统帅。而修建作为指挥部的3号坑时,将帅还未任命,工匠们不敢随意塑一位作为统帅。

还有人认为,也可能是因为秦始皇是秦军最高统帅,为了维护皇帝的绝对权威和神圣尊严,不能把秦始皇的形象塑在兵马俑之中。

陶俑制作之谜

兵马俑坑中的陶俑和陶马均是泥制灰陶,火候高、质地硬,经观察没有发现模制迹象,肯定是一个个地雕塑而成。陶俑、陶马身上原来都绘有鲜艳的颜色,因俑坑被毁,加上长期埋于地下,颜色几乎全部脱落。但从局部留的颜色仍可窥见颜色的种类繁多,有绿、粉绿、朱红、粉红、紫蓝中黄、橘黄、纯白、赫石等。各种色调和谐、艳丽,更增添了整个军阵的威武雄壮。

这些陶人陶马在暗无天日的地下掩埋了20多个世纪,出土后,仍然保持了色泽纯、密度大、硬度高的特点,以手敲击,金声玉韵,真是达到了"炉火纯青"的境界。当代的制陶工艺大师经过十多年的努力,至今仅能仿造一些简单的陶人。

西夏王陵四大谜团

西夏王陵的范围东西宽约 4 千米,南北长约 10 千米。在这个约 40 平方千米的陵园里,8 座王陵及其附属的 70 多座陪葬墓,按时代先后,依山势由南向北顺序排列,形成了一个整齐的墓葬群。由于年深月久,如今每座陵墓的附属建筑多已毁坏,独有陵墓的主体仍巍然挺立,向人们显示着西夏王国的历史风貌。

凡是参观过西夏王陵的人,除了充分领略西夏的风格以外,仔细一想,都会觉得有许多问题像谜一样留存于脑海,难以求得解答。

西夏王陵

8 座西夏王陵为什么没有损坏

王陵的附属建筑都已毁坏了,但以夯土筑成的王陵主体却巍然独存。根据年代推算,最早的一座王陵距今约 900 年,最晚的一座也超过 700 年,如此漫长的岁月里,许多砖石结构的建筑已经由于风雨的侵蚀而倾毁倒塌了,更何况是夯土建筑。

王陵上为什么不长草

贺兰山东麓是牧草丰美之地,西夏王陵的周围也多是牧民放牧牛羊的好地方,可是唯独陵墓上寸草不生,何况陵墓是由夯土建成的呢?

王陵上为什么不落鸟

西北地区人烟比较稀少,鸟兽比人烟稠密的地区相对多一些,尤其是繁殖力较强的乌鸦和麻雀,遍地都是。乌鸦和麻雀落在牛羊背上,落在树上和各种建筑物上,然而,它们却唯独不落在王陵上。

王陵的布局有些令人不解

王陵按时间顺序或者说帝王的辈分由南向北排列,但是每座王陵的具体位置的安排似乎又在体现着事先设计好了的规划。如果从高空俯视,好像是组成了什么图形。王陵的布局令人不解。

楚河汉界今何在

在中国象棋的棋盘中间,书写着"楚河""汉界"四个字,就是将下棋比做历史上的"楚汉争霸"。那么,楚河汉界到底在哪儿呢?

据史书记载,历史上的楚河汉界,并不是现在的扬子江岸的楚汉,而是位于古代豫州荥阳成皋一带。楚河汉界北朝黄河,西靠邙山,东接平原,南为嵩山,为兵家必争的古战场。

公元前204年,刘邦与项羽在这一带发生了大规模的战争。双方全都竭力争夺楚汉。刘邦依靠大后方丰富的粮草作为后盾,出兵攻击楚军,项羽由于粮缺兵乏,只得提出了"中分天下,割鸿沟以西为汉,以东为楚"的要求。从此以后,就有了"楚河""汉界"的说法。目前在荥阳县城东北的广武山上面,还保留着两座遥相呼应的古城遗址,据说是当年刘邦和项羽所筑造的。西边的叫做汉王城,东边的叫做霸王城。两城中间有一条宽为三百米的大鸿沟,就是刘邦和项羽对垒时的鸿沟。

赤壁古战场究竟在何地

赤壁是东汉末年曹操和孙权、刘备鏖战之地;赤壁之战的结局奠定了三国鼎立的局面,影响深远,后代文人墨客常以"赤壁"为题,托物咏志,发思古之幽情,从唐代李白始,至元朝吴师道止,仅四代有文章记载的咏史作者就达十四人之多,所作诗、词、曲、赋中,不乏名篇传世。虽然如此,对于赤壁古战场的地理位置究竟在哪里,诗人们似乎也不甚了解。

北宋苏东坡在黄州(今黄冈县)所作的脍炙人口的《念奴娇·赤壁怀古》也只是说"故垒西边,人道是,三国周郎赤壁",对于黄冈城外之赤鼻矶,是否就是赤壁古战场,并没有明确说明。而"人道是"所指之"人",实际上就是唐代诗人杜牧,他的"折戟沉沙铁未销,自将磨洗认前朝;东风不予周郎便,铜雀春深锁二乔"的《赤壁》绝句,就是视黄冈城外之赤鼻矶为古战场的。然而,赤鼻矶的地理位置既不在樊口上游,也不在大江之南,与史书所载不合,并非真正的古战场。可见,不是杜牧搞错了地方,定是文人借题发挥,因而以讹传讹。

那么,赤壁究竟在何地呢?长期以来是学术界感兴趣的问题。由于对文献记载理解不同,有以下一些观点。

蒲圻赤壁

有人认为,即今湖北蒲圻县西北赤壁山,北对洪湖县龙日乌林矶。唐李吉甫《元和郡县志》申说:"赤壁山,在蒲圻县西八十里,一名石头关。北临大江,其北岸即乌林,与赤壁相对,即周瑜用黄盖策焚曹操舟船败走处。"

还有人认为,应在湖北黄冈县城西北江滨,一名赤鼻矶。山形截然如鼻,而有赤色,故名。因为宋时苏东坡游此,作有前、后《赤壁赋》和《赤壁怀古·念奴娇》一词。

不过,今天大多数学者认为,赤壁之战的赤壁,应是《元和郡县志》所说的赤壁。也就是位于今湖北蒲圻县西北36千米,长江南岸的赤壁山。隔江与乌林相望。赤壁山又名石头山。相传由于赤壁之战时,孙权刘备联军,在此用火攻,大破曹操战船,当时火光冲天,照得江岸崖壁一片彤红,"赤壁"由此得名。

由于蒲圻赤壁在我国军事史上十分重要,所以咏吟赤壁的诗句相当多。例如,大诗人李白就曾有《赤壁歌》一首:"二龙争战决雌雄,赤壁楼船扫地空。烈火冲天照云海，周瑜于此破曹公。"晚唐诗人杜牧的《赤壁》更是人所共知："折戟沉沙铁未销，自将磨洗认前朝。东风不与周郎便，铜雀春深锁二乔。"也许两位诗人都曾亲临赤壁山。

其实，不管李白、杜牧是否到过赤壁，杜牧是否真的捡拾过"折戟"，今天在蒲圻赤壁之地确实常有铁制灼兵器出土，如刀、剑、戟、箭镞等，累计数量超过千件。赤壁山、南屏山、金銮山一带，往下深挖一米，往往也有这一类文物出土。而相反地，在别的地方的所谓"赤壁"却极少有这类古兵器出土，这样为本蒲圻赤壁应该是赤壁之战的赤壁提供了有力的证据。

充满神秘的"八阵图"

三峡，有观赏不尽的奇景美色，其中最为中外游客所熟悉的当数巫山神女峰、兵书宝剑峡、牛肝马肺峡等，而最充满神秘色彩的当属"八阵图"。

诸葛亮的八阵图，和他的木牛流马一样，充满了神奇色彩。八阵图究竟是什么？自古以来人们对此众说纷纭，莫衷一是，却又乐此不疲，议论不休。

相传，诸葛亮所设八阵图有四处：陕西勉县境内、四川新都境内、奉节城东江边的水八阵、白帝城东北草堂附近的旱八阵（草堂八阵）。而这之中最著名的是奉节的水八阵。

水八阵位于三峡的东端，在奉节与白帝城之间。乍看平庸无奇，好像是离岸边不远的一片沙洲。上面有一堆一堆的石迹，外观上也平庸无奇。但关于八阵图却有一段神奇的传说：三国时，诸葛亮为了抵御东吴大将陆逊的入侵，曾在此布下八阵图。凡入阵者，顿觉云雾缭绕，天昏地暗，耳间似有千军万马与号角喊杀之声，使人望而却步。

千百年来，无数诗人凭吊八阵图遗迹，写下怀古诗篇，其中最有名的应属杜甫的"功盖三分国，名成八阵图。江流石不转，遗恨失吞吴"。从历史上看，诸葛亮确曾到过奉节地区。212年，他率军西上入川，曾经过这里。十一年后，他又赴白帝城永安宫接受刘玄德托孤的重任。据说，他当时在江滨迹坝之上，推演兵法，作八阵图。另外，他一直受到当地百姓的爱戴与怀念，甚至后来形成每至农历正月初七，当地百姓倾城而出，结伴纵游八阵图之间，称为"踏迹"。据说，有个姓赵的渔民，在八阵图的沙迹上拾到一块形如枕的石头，带回舟中以后，每到天将破晓，便闻石枕中有鸡鸣声。他把石头破开一看，内有"诸葛鸡鸣枕"五个字。人们由此更加崇敬诸葛亮朝夕为国操劳的"鞠躬尽瘁"精神。

八阵图作为中国古代军事思想的辉煌成果，不可能一下子消失得无影无踪；曾经在历史上有过重大影响的八阵图，或多或少总会有蛛丝马迹可寻。

经过史学家和地质学家的研究,八阵图可能是长江和梅溪河洪水冲下的泥沙淤积而成。该地在枯水季节,迹坝露出水面时,还有盐卤从地下石缝中溢出。古时的人们便在此垒石建灶取卤煮盐。在春秋战国时期,巴、楚两国黎民百姓曾为争相取盐而厮斗,甚至两国兵戎相见,曾会有排兵布阵的场面出现,不过那是远在三国时代之前的事了。八阵图的传说是很动人的,但是,它对长江航运危害很大。据说,近年来已在该地挖石取沙,在不损三峡盛景的前提下,既保持主航道畅通,又有了供白帝城建筑用的沙子与石块,可谓一举数得。

成吉思汗陵墓之谜

13世纪的百余年间,中国和世界历史的主角是蒙古族。蒙古族由于出了一个伟大的英雄人物铁木真,一度使全世界对其瞠目而视。数以万计的蒙古骑兵纵横驰骋于亚欧大陆,建立了历史上空前规模的蒙古帝国。

统一了蒙古族的铁木真,被蒙古人奉为"成吉思汗",意为至高无上的君主。铁木真的孙子忽必烈后来在中国建立了元朝,被称为元太祖。

照汉人的礼仪,这样的伟大人物,死后必定要建规模庞大的帝陵,既要让死去的皇帝过上与活着的时候同样阔绰的生活,又要向后人显示皇家的威严。但蒙古皇帝却不这样,不但成吉思汗的陵墓不知道在哪里,就连忽必烈以下各位元朝皇帝的陵墓今天也没有找到。

按蒙古习俗,蒙古皇帝死后,一律实行秘密安葬。《元史》记载:"国制不起坟垄。葬毕,以万马蹂之使平,弥望平衍,人莫知也。"埋葬皇帝的地方,派群马一踏,如平地一般,时间一长,青草树木一片绿油油,就谁也不知道了。

也许有人会说,在今内蒙古鄂尔多斯高原的鄂尔多斯市伊金霍洛旗,不就有座成吉思汗陵墓吗?其实,这是座后来建造的象征性陵寝。

1227年8月,成吉思汗率军进攻西夏,回师途中病逝于六盘山清水的行宫里。之后,他的遗体被运回蒙古大本营安葬。

至于葬在哪里?《元史》说葬在起辇谷,但没有其他情节和过程。

《蒙古源流》记载,成吉思汗葬后,因为不能再请出金身,但为了便于祭祀,在葬地附近的高地上建了八白室,即八座金色的毡帐,地点相当于今阿尔泰山和肯特山一带的蒙古高原上。明英宗天顺年间,鄂尔多斯守陵部众进驻河套地区,八白室也随之迁来。清初在鄂尔多斯高原设立鄂尔多斯市,八白室就移到伊克昭附近,后来又移至今伊金霍洛旗,至今已有300多年历史了。如此说来,今天的成吉思汗陵是假的,的确是没有错的。

清昭陵3大未解之谜

清昭陵即皇太极的陵墓,从外表来看,昭陵与其他皇陵并无多大区别。然而,在其背后,却隐藏着许多秘密。

孝庄为何未葬昭陵

作为皇太极妻子的孝庄,却没有与丈夫一同入葬昭陵,而是葬在了遵化的昭西陵。对此,史学界有以下三种说法:第一,孝庄临终前说:"太宗已经安葬很久了,不要再为我打开地宫与之合葬了,将我葬在孝陵旁边就可以了。"第二,孝庄已下嫁摄政王多尔衮,不可再入太宗陵,不过,孝庄是否下嫁尚未有定论;第三,清初盛行的火葬制度在孝庄晚年已被废除,如果葬到昭陵,仍需火葬,孝庄不愿意火葬,故改葬关内。

为何选"昭"为陵名

对于陵名的来历,史学界持两种观点:第一,是为了仿效唐太宗的昭陵,因为皇太极与李世民同是第二代开国皇帝,两人庙号均为"太宗";第二,出于对"昭"字本身的选择,即将文德武功彰显于世。

护陵兽为何拴铁链

在昭陵隆恩殿后,有一座悬山式琉璃瓦顶的石柱门,门两侧各有一方形石柱,顶上各雕着一个坐南朝北的石兽,传说陵寝的地宫门就在石祭台下面,两只石兽是护卫陵寝的。但令人奇怪的是,护陵兽身上有一条铁链与石柱连在一起。相传,当年雕刻时,石匠的手不慎受伤,血滴在了石兽的身上。几年后,石兽有了灵气,常常跑到护城河饮水,还经常伤害守陵的官兵。一时间,守陵官兵人心惶惶。守陵官员将此事上报朝廷,皇帝下令将石兽用铁链锁在石柱上。当然,这只是个传说,至于为何要在石兽身上锁铁链,至今仍是个谜。

乾陵石像为什么没有头

乾陵的唐高宗李治与女皇武则天的合葬墓,位于陕西省西安市西北乾县城郊的梁山上。它占地2万平方公里,规模宏大,气势雄伟,北面有玄武门,南面有朱雀门,东面有青龙门,西面有白虎门,四门的石狮挺胸昂首,雄踞于门前。

特别引人注目的是,朱雀门外的东西两侧,有两组石人群像,整齐恭敬地排列于陵前。西侧 32 尊,东侧 29 尊,共 61 尊,这些与真人大小相仿的石人,穿着打扮各不相同,有袍服束腰的,有翻领紫袖的。但他们都双双并立,两手前拱,姿态极为谦恭,仿佛在这里列队恭迎谁的到来。

乾陵石像

令人不解的是,这些石像都是无头之人。仔细观察它们,从这些人的脖子上可以看出石像的头被砸掉的痕迹。那么,这些石像的头是谁砸掉的呢?

一种说法是,这些石像的头被八国联军砍掉了。认为八国联军侵华时,见唐陵前立有外国使臣的石像,且个个毕恭毕敬,有辱洋人的脸面,于是统统砍掉了。但据史书记载,八国联军侵华时,足迹并未到过陕西,更不要说乾县的乾陵了。

另一种说法是,石像的头颅是被明朝的百姓砸掉的。据说在明朝末年,乾县暴发瘟疫,当时因病而死的百姓不计其数。百姓认为瘟疫的来源可能是乾陵中的这些少数民族首领和洋人的石像在作祟,传说每当日落西山、天渐黄昏后,陵旁的石人就变成面目狰狞的妖怪,践踏庄稼、吃牛、吃猪,还害人得病。使路上行人断绝,市井萧条,于是大家恨之至极,纷纷用强弓、锄头砸这些石人,使之身首异处,因而这些石像的头就都搬了家。

武则天为什么要立"无字碑"

武则天,是中国历史上唯一的一位女皇帝。她乃女中丈夫,巾帼不让须眉,向来敢作敢为。然而,武则天墓前,却有一块不书文字的"无字碑",她为什么要给后世留下一个"无字碑"呢？

有人认为，武则天立"无字碑"，是用以夸耀自己的无量功德，表示自己功盖南山，其高功大德非文字所能表达，取《论语》中"民无德而名焉"之意，故立"无字碑"。

同时，也有人持反对意见，认为武则天立"无字碑"是因为自知罪孽深重，感到还是不写碑文为好。尤其是有人按封建正统论的观念来评价她，认为她改李唐为武周，愧对祖先，罪大恶极，她自然难以立碑。

有人认为，武则天有自知之明，立"无字碑"系其遗言，是留待后人来评价她的功过是非，即"己之功过，由后人评定"。

也有人认为，武则天根本就没有遗言立"无字碑"，而是中宗李显认为母亲功名盖世，故立"无字碑"，以尽其孝、树其威。

也有人认为，武则天虽然与唐高宗合葬，但事实上她确曾君临天下，改唐为周，树碑刻字，是称皇帝还是皇后，都难落笔，权衡再三，还是立"无字碑"更为恰当。

还有人认为，武则天是女人，在那个轻视妇女的传统社会中，又由于武则天的罪孽，根本就不值得立碑流传后代，她墓前的"无字碑"是后来的好事者加立的。

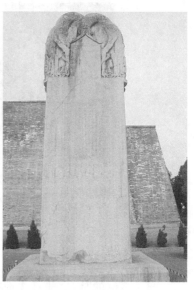

无字碑

精绝国是如何消失的

2 000多年前，汉朝使者张骞出使西域，发现在今天新疆塔克拉玛干沙漠周围有许多王国，其中有个小国，就是著名的"精绝国"，在如今称为尼雅的地方。令人不解的是，精绝国作为丝绸之路的要塞之一，竟然在三国、晋之后，逐渐沦为荒无人烟的沙漠，从历史记载中消失得无影无踪。

自1901年在塔克拉玛干沙漠的南部腹地、尼雅河下游发现尼雅废墟以来，考古学家们曾先后多次对废墟进行发掘。如今，人们对精绝国的生活、文化已经有了充分的了解。

精绝国位于新疆民丰县北的尼雅河沿岸，支流纵横的尼雅河水顺地势流泻而至，使得精绝国得到了很好的灌溉，故有"沙漠绿洲王国"之称！

据东汉班固《汉书》记载，精绝国仅仅是一个拥有480户人口的小国，东汉时成为鄯善国的附属。考古发掘表明,精绝国拥有农业、水利灌溉、畜牧业、林业、毛纺、皮革、冶炼、陶器制作等生产部门,从而保证其人民物质文化生活的需要。作为丝绸之路上的交通要塞之一,西亚的玻璃器皿,希腊风格的艺术,犍陀罗的装饰图案,印度的棉织物,黄河流域的锦、绢、漆器、铜镜等,也都在精绝国人民的生活中随处可见,显示了精绝国作为国际经济、文化交流点上一个绿洲王国的特有风貌。

然而,就是这样一个绿洲王国,却沦为沙漠中的废墟。是尼雅河突然断流,导致精绝国的覆灭?还是由于社会动乱的打击,导致精绝国的稳定被破坏?从尼雅废墟的一些遗址内,我们可以看到一些简牍文书还没有来得及开启,摆放整齐,似乎主人离开得过于匆忙。他们把文书放好,是希望稍后还可以回来处理。他们弃家远走,应该只不过是权宜之计,他们认为自己还是要回来的。如果是因为水流改变,导致家园被放弃,应该是一个缓慢的、有组织的撤退过程,不会连简牍文书还没来得及处理。据众多的资料显示,精绝国可能是在战争、动乱等破坏性社会力量的直接作用下,受到致命打击,居民从此离家背井,精绝国也逐渐为沙漠所掩盖。

三星堆珍宝迷雾

1986 年 8 月,在四川广汉市三星堆,发掘出了一座距今 4 800 多年的古城。据检测,这座古城面积约 12 平方千米。现在已经出土 1 700 多件造型奇特、举世无双的青铜器、玉器、漆器、陶器,还有 80 根大象牙、4 600 多枚当时的货币等。

三星堆出土的文物震惊了世界,而且许多珍宝就像一团迷雾,笼罩在三星堆身上。

权杖

随着祭祀坑一起出土的有一柄长达 1.42 米的纯金包裹的木芯权杖,上面刻有精美、神秘的纹饰。杖的长端是鱼和鸟的图案,下面是两个头戴高冠、耳挂三角耳坠的人头像。用黄金权杖来象征权力是古代埃及的传统,而中国古代一直用九鼎象征权力。那么,这柄权杖究竟起什么作用?它真的是权杖吗?又是谁的权杖?

青铜立人像

著名的青铜立人像高达 1.72 米,身穿长袍,头戴花形高冠。人像浓眉大眼,宽嘴方脸,长颈大耳,双手持物端于胸前,赤着脚站立在兽头形的方座上。他到底是什么身份?

青铜面具

出土的那些青铜面具都十分突出人的眼睛,这也引起了研究者的兴趣。那么,古代蜀国的居民是否有眼睛崇拜呢?

青铜神树

青铜面具

高达 3.95 米,集"扶桑"、"建木"、"若木"等多种神树功能于一身的青铜神树,尤其引人瞩目。它分为三层,有九枝,每个枝头上立有一鸟,据说那不是一般意义上的鸟,而是一种代表太阳的神鸟。它是古蜀居民的重要图腾之一,也是氏族部落的标志。关于这株大树,人们的说法也不一致,有人猜测可能是用来祭天的神树,也有人说是与财富有着关系的摇钱树。

象牙

祭祀坑里出土了 80 多枚象牙。它们的来源和作用让人难以确认。有人认为,是通过贸易而来;有人则认为,远古时代川内的生态环境适合大象生存,他们的证物主要是当地发现的大量半化石状乌木。

马王堆女尸为何不腐

1972 年,湖南马王堆古墓中出土了一个神秘的女尸,震惊了世界。人们无比惊讶:为什么经历了 2000 多年,这具女尸不但外形完整,反且面色鲜活、发色如真?经过解剖,其内脏器官完整无损,血管结构清楚,骨质组织完好,甚至腹内一些食物仍存。仿佛这具女尸不是千年的遗留,而是刚刚谢世而去。那么,马王堆女尸为何不腐呢?据考察,可能是因为以下几个方面的原因。

防腐处理好

经化学鉴定,它的棺液沉淀物中含有大量的硫化汞、乙醇和乙酸等物。证明女尸是经过了处理和浸泡处理的,其中硫化汞在尸体防腐固定上的作用是很明显的。

墓室深

从墓室的条件来看,整个墓室建筑在地下 16 米以下的地方。上面还有底径

50～60米、高20多米的大土堆。既不透水也不透气,更不透光。这就基本隔绝了地表的物理的、化学的影响。

封闭严

墓室的周壁均用黏性强、可塑性大、密封性好的白膏泥筑成。泥层厚约1米。在白膏泥的内面还衬有厚半米的木炭层,共约1万多斤。墓室筑成后,墓坑再用土夯实。这样整个墓室就与地面的大气完全隔绝了,并能保持18℃左右的相对恒温,不但隔断了光的照射,还防止了地下水流入墓室。

神奇棺液

棺椁存有神奇的棺液,起到了防腐和保存尸体的作用。据调查,椁内的液体深约40厘米,棺内的液体深约20厘米。但是,它们都不是人造的防腐液。

神奇的越王勾践剑

1965年12月,我国考古学家在湖北省江陵望山的一座楚国贵族墓中发掘出两把宝剑,其中一把青铜宝剑上镌刻有"越王勾践自作用剑"八个字,全长55.6厘米,可见,宝剑埋在地底下已经有两千多年的历史了。但至今仍光洁如新,寒气逼人,毫无锈蚀之迹,剑刃锋利无比,曾以纸拭之,20余层纸一划而破。尤其令人惊奇的是,金黄色的剑身上布满漂亮的黑色菱形格子花纹,在剑身与剑把相连的剑格上,一边镶有绿松石,一边镶有蓝色玻璃,铸造得既精致又美观,堪称稀世珍宝。

两千多年前,我国古代的劳动人民就能铸造出这样好的宝剑,怎能不叫人叹服!

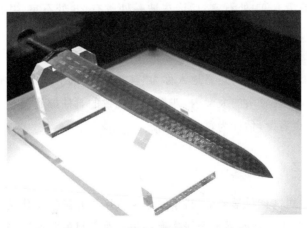

越王勾践剑

据有关专家进行科学测定,越王勾践剑的主要成分是青铜。青铜是铜和锡的合金。纯铜和锡都是较软的金属,但把铜和锡以不同比例熔炼后,就能制得比铜和锡性能更优异的青铜合金。

当铜中掺入锡制成青铜后,熔点可降低到 900℃ 左右,易于熔炼和铸造。所以,用青铜铸造时,能渗透膨胀到模型的各个细微角落,使铸件的轮廓清楚,线条优美。更重要的是,硬度与强度大大提高,耐磨性能也更好。

越王勾践剑为什么能经历两千多年而毫无锈蚀呢?据测定,宝剑曾经经过硫化处理,这样就大大提高了宝剑的防腐性能,剑刃精磨技艺水平可同现在精密磨床生产的产品相媲美,充分显示了我国古代铸剑工匠的高超技艺。

陡峭岩壁上的古崖居

位于北京延庆西部约 20 公里处的张山营镇东门营村北的峡谷中,坐落着古代先民在陡峭的岩壁上开凿的岩居洞穴,计有 117 个。这是我国已发现的规模最大的岩居遗址。然而,对于它的开凿年代、用途及历史背景,迄今尚无定论。

古崖居状貌

古崖居是古人在陡峭的山崖上凿建的居所。在峡谷中一条不到 10 米宽的山沟两侧,距离谷底近 10 万平方米的陡峭花岗岩石壁上,遍布着人工凿刻的大小不同的石室。

古崖居依其开凿的石室位置所形成的自然村落可以分成前、后两个区域。前沟南、北、东三坡凿有 91 处石室;后沟东坡一处凿有 26 处石室,共计 117 处石室。这些石室的洞口毗邻,位置错落有序,石室一般高 1.8 米,呈长方形或正方形,其中以一明两暗的三套间居多。全部石室分布成楼层状,层与层之间有石蹬、石梯和栈桥相连。其中最值得一看的是当地人称为“官堂子”的大洞穴,它建造得相当精巧,而且位于最高处。在宽敞的大殿内,四根雕凿细致的石柱撑起洞顶,中间一张宽大的石床,内有石桌石凳,估计为首领的住所。

古崖居研究

通过对古崖居进行科学考证,科学家认为古崖居开凿的年代是元或魏或唐辽。据不确切考证,此为唐辽间奚族聚居岩寨……但对其目的与用途尚无定论,有可能是草寇山寨居住的地方,也有可能是戍边驻军躲避战乱所居,还有可能是少数民族

聚居。

不过,如今仍可看到,古崖居留有的许多人类生存痕迹,如门、窗、壁橱、灯台、石炕、排烟道、石灶和马槽。有炕的石室是居室,炕宽可容二人;有马槽的为马厩,一般可容四五匹马。

令人不解的南美人像

我们都知道,在哥伦布到达美洲之前,美洲一直是印第安人的家园。但是,令人不解的是,在墨西哥和南美一些地方发现的古代艺术品中,竟出现了陶制或石制的其他种族人物的头像。有的头像像中国人,而有的头像像非洲黑人,这到底是怎么回事呢?难道以前的美洲除了印第安人之外,还有其他种族的人在此生存?

美洲惊现中国人、黑人头像

考古人员在墨西哥的委拉卢克斯发现一个石雕人头像,虽然该头像的鼻部已经破损,但人们从其扁平的脸形、并不凹陷的眼窝、眉毛前额和颧骨的特征,仍然一眼就能看出,这是个中国人的头像。

在墨西哥的委拉卢克斯发现的另一个石雕人头像,与美洲印第安人的相貌完全不同,一看就是个非洲黑人。那厚厚的嘴唇、圆圆的前额,明显地表现出尼格罗人种的特征。

石像制作者之谜

艺术是生活的反映,古代美洲的印第安人很难雕出自己完全不熟悉的种族的人像,那么这些没在美洲生活过的人的雕像是怎么来的呢?难道中国人真的到过美洲?那么,黑人是怎么去的呢?有人解释说,黑人可能作为古代腓尼基人船队中的划桨奴隶,但是又有谁会专为一个划桨奴隶雕塑头像呢?

另外,在蒂瓦纳科著名的太阳门边,也伫立着 48 个巨石人像。考古学家和人类学家经过仔细考察后发现,这些石像实际上表现了地球上人类各个种族和主要民族的形象。也就是说,这些石像是在有人掌握了人类各个人种和民族的基础上制作的。然而,这些石像的制作者们又是怎样知晓人类各个人种和民族的情况的呢?南美的这些人像也许包含着古代世界各大洲民族之间交往的奥秘。

巴比伦古城的奥秘

两河流域的文明是世界四大古文明之一，由于主要是属于塞姆语系的巴比伦人所创造，因此又被称为巴比伦文明。巴比伦文明是人类文明史上重要的一页，其中巴比伦城是巴比伦文明的集中体现。

百门之都

巴比伦城有 100 座铜做的城门，因此希腊诗人荷马又把巴比伦城称为"百门之都"。它的城墙非常厚，可以让一辆四匹马拉的战车转身。城墙也很长，长达 16 千米，每隔一段距离就有一座城楼。城墙的两端起于幼发拉底河畔。河对岸是巴比伦的新城区，一座大桥横跨幼发拉底河，使新城区跟主城连在一起。所以，这座城墙不仅是巴比伦人抵御外敌入侵的屏障，而且也是一道可靠的堤防，以保护巴比伦城不受河水泛滥之害。

典礼门

典礼门是巴比伦古城的大门，高 4 米多，宽 2 米左右。门的上部是拱形结构，两边和残存的城墙相连。门洞两边的墙上有黄、棕两色琉璃砖制成的雄狮、公牛等图像。公元前 568 年，波斯人在摧毁巴比伦古城时，只有这座城门幸存下来。由此可见，这座城门建筑得是多么的牢固。千百年过去了，在风雨剥蚀下，古城城墙已坍塌无存，唯独这座城门依然完好如初。

巴比伦古城的兴衰

巴比伦位于幼发拉底河和底格里斯河的交汇处，是一座令人神往的古城，早在公元前 1830 年左右，阿摩利人就以巴比伦为都城，建立了古巴比伦王国。在古巴比伦国最出色的国王——汉谟拉比死后，巴比伦不断受到外族的进攻，历经了 500 多年战乱，直到公元前 7 世纪末，才在尼布甲尼撒领导下，建立了新巴比伦王国。然而 88 年后，新巴比伦王国又被波斯人彻底毁灭。随着巴比伦王朝的覆灭，显赫一时的古城巴比伦，也日渐消失在荒草之中了。现在，很多考古学家正在进行挖掘和修复工作，力图恢复这座古城旧有的风貌。

被火山淹没的庞贝古城

庞贝古城是意大利半岛西南角坎佩尼地区一座历史悠久的古城,它背山面海,曾经是罗马富人寻欢作乐的胜地。然而,公元79年的一次火山爆发,将庞贝城从地球上抹掉了。

庞贝古城遇难

公元79年8月24日,意大利的维苏威火山爆发。突然之间,火山喷出的灼热岩浆遮天蔽日,四处飞溅;浓浓的黑烟裹挟着滚烫的火山灰,铺天盖地地降落到庞贝城;不久,厚约5.6米的熔岩浆和火山灰毫不犹豫地将庞贝城从地球上抹掉了。一夜之间,一个美丽的城市灰飞烟灭。1748年,这座被火山熔岩浆和火山灰埋了1000多年的古城被一个农民发现,后经过科学家的挖掘,世人看到了一个富丽堂皇的庞贝城。

庞贝古城遗址

庞贝古城的城市建设

庞贝古城占地面积1.8平方千米,城墙周长4.8千米,都是用石头砌建的。有塔楼14座,城门7个,看上去蔚为壮观。有4条石铺大街组成一个"井"字形,全城被分割成9区,每城区又有很多大街小巷相通。在大街的十字路口都设有高近1

米、长约2米的石头水槽,用来向市民供水。那么,水槽里的水又是从哪里引来的呢?原来水槽与城里的水塔相通。水塔的水则是通过砖石砌成的渡漕从城外高山上引进来的,然后分流到各个十字路口的公共水槽中,这个系统也为贵族富商庭院的喷泉和鱼池供水。城西南有一个长方形广场,是全城政治、经济和宗教中心,四周建有官署、法庭、神庙和市场。城里还有3座大型剧场,其中最大的一座剧场位于城东南,建于公元前70年,可容纳观众2万人。城市至少建有一座公共浴室,不但冷热浴、蒸汽浴样样具备,还附有化妆室、按摩室,装修也十分到位,墙上用石雕和壁画装饰着。可以看出,当时的庞贝古城被建设得井井有条。

富饶的苏撒古城

"史学之父"希罗多德曾告诫后人:"谁要是占有苏撒的财富,谁就可以与宇宙斗富。"虽然苏撒盛产石油,但希罗多德所说的"财富"指的并不是石油,而是苏撒古城。

苏撒城距今已有8000多年的历史。苏撒是先有城市,后有国家。苏撒城曾辉煌一时,奠定了伊朗文明发展的基石。关于苏撒城的历史,有许多奇特和神秘之处。苏撒自古是王朝战争的必争之地,因此客观上它也充当了文明传播的"载体"。

1901年12月,由法国人和伊朗人组成的一支考古队正在伊朗西南部一个名叫苏撒的古城旧址上进行发掘工作。一天,他们发现了一块黑色玄武石,几天后又发现了另外两块,将三块拼合起来恰好是一个椭圆柱形的石碑。这块石碑高2.25米,底部圆周1.9米,顶部圆周1.65米。石碑上半段刻着精致的浮雕,下半段刻着汉谟拉比制定的一部法典,是用楔形文字书写的。这个石碑就是著名的"汉谟拉比法典"。巴比伦王国的法典怎么到了苏撒?事情是这样的:公元前3000多年前,在今天的苏撒盆地出现一个名叫埃兰的奴隶制王国,苏撒是其首都,公元前1163年埃兰人攻占了巴比伦,便把刻着汉谟拉比法典的石柱作为战利品带回苏撒。埃兰最后被波斯灭亡,这个石柱法典便又落到了波斯人手中。这件稀世珍宝如今收藏在巴黎的卢浮宫博物馆里。圆柱上被涂毁的7栏文字,可以根据后来发现的汉谟拉比法典的泥版文书进行校补。所以,"石柱法典"仍是世界上现存的一部最古老、最完整的法典。

古波斯帝国建立之前,苏撒就已经成为波斯人的都城。希罗多德之所以将苏撒的财富与"宇宙"相比,也与波斯帝国的开国君主居鲁士有关。后世均称居鲁士为"宇宙之王",足见当时帝国的强盛。作为都城的苏撒,必然是四方财富聚集之地,故有可与"宇宙"相媲美的说法。苏撒宫廷的建筑工作是由巴比伦人完成的,因为他们善于建筑台基式的雄伟建筑。大流士一世的宫廷,就建筑在巨大的人工台基式上,面积约 37 500 平方米,其中有 110 个房间、走廊和大殿,面积约 20 000 平方米。今天已无法见到苏撒宫廷的全貌。根据最新发现的诏令,这个大厅使用了 22 个地区的人力、物力和财力才得以建成。在苏撒宫廷的宫墙上,镶嵌着精美琉璃砖浅浮雕,这种琉璃砖浅浮雕,就是中国古代典籍中多载的壁琉璃,它在当时是一种最高级的装潢艺术。

苏撒宫廷经过大规模扩建之后,一直是古波斯帝国的王宫。国王大部分时间住在苏撒,政府机构也集中在这里办公。波斯帝国的赋税大概也交归苏撒的国库收藏。由于帝国的强盛,都城的修建富丽堂皇、颇为壮观,凸显了波斯帝国中心区的富庶。因此,在希腊人眼里,苏撒成为世界上最富裕的城市。另外,我们还可以从一组数据中看出当时波斯帝国一些重要城市的富庶情况。亚历山大占领行政中心苏撒、故都帕萨家迪后,获得了大量财富。他在波斯所掠夺的财富统计如下:苏萨城 40 000 塔兰特;波斯波利斯城 120 000 塔兰特;厄克巴丹 120 000 塔兰特等,总计白银 7 000 余吨。据说,亚历山大在攻占了一些城市后,遇到的最大难题就是不知道该如何处理宫廷中的财富。

虽然波斯帝国灭亡了,苏撒在波斯帝国灭亡的很长一段时间里仍是伊朗最重要的城市之一,并且取得了城市自治权。后来苏撒居民在萨珊时期起义反抗其统治,因而被毁灭。苏撒的宫廷,连同居民住宅一起都变为瓦砾,被掩埋在黄土之下,直至近代被考古学家发现才重见于世。

壮观的印度泰姬陵

在印度亚格拉近郊亚穆纳河畔,有一座华丽壮观、气势磅礴的建筑,那就是闻名于世的泰姬陵。泰姬陵是印度莫卧儿帝国的皇帝沙·贾汉为他美丽的皇后泰姬所建造的,是世界七大建筑奇迹之一。泰姬陵的构思和布局是一个完美无瑕的整体,它充分地向人们展现了伊斯兰建筑艺术的庄严肃穆、气势宏伟和富于哲理。

那么,谁是这一宏伟壮观杰作的设计者和建造者呢?目前,围绕这个问题大致有三种观点:

波斯伊斯兰说

这种观点认为,泰姬陵是由波斯人或伊斯兰人建造。《大英百科全书》的作者就持这种观点。他认为,泰姬陵的建造者是沙·贾汉皇帝。主要设计者是波斯人乌斯泰德·伊萨,由他负责全部事务,没有一个印度人参与构思。

印度泰姬陵

欧洲和亚洲天才结合说

英国旧牛津学派的印度史学家史密斯认为,泰姬陵是"欧洲和亚洲天才结合的产物",是欧亚文化结合的结果。他说,意大利人吉埃落米莫·维洛内奥和法国建筑师奥斯汀·德·博尔多等诸多欧洲文艺复兴时代的建筑大师均参加设计了泰姬陵,泰姬陵在艺术风格上也深受西方影响。不过有人驳斥说,这座具有典型的伊斯兰艺术风格的建筑物不可能是出自西欧文艺复兴时代大师们的构思。

主体艺术印度说

印度著名史学家马宗达认为,泰姬陵的平面图和主要特点与苏尔王朝舍尔沙的陵墓和莫卧儿胡马雍的陵墓,在建筑上有师承关系;就建筑材料——纯白大理石及其上面的宝石镶嵌工艺水平而言,在西印度的拉杰普特艺术中早已存在,不能把此陵的设计和建造完全归功于波斯的影响和支持作用。因此,在探讨这一设计功劳归于谁时,不应忘却印度自身的因素。此外,泰姬陵受西方艺术某些因素的影响也是符合历史逻辑的,因为莫卧儿时代对西方已开放,东西方文化交流日趋扩大,西方艺术的某些因素可能会对印度建筑风格带来影响。

东方奇观吴哥古城

在柬埔寨的西北部平原地带,有一处生长茂密的森林和树丛,穿过高大的树木和收割过的稻田,一座座古塔耸立在眼前。这就是古代柬埔寨废弃的古城——吴哥古城。吴哥古城是柬埔寨的象征,它是人类文化宝库中的明珠,与埃及金字塔、中国的长城、印度尼西亚的波罗浮屠并称为"东方四大奇观"。

吴哥古城的建造

从 8 世纪晚期开始,吴哥曾长期为高棉王国的都城,它的疆土覆盖东南亚大陆大部分。

耶跋摩是建造城市的第一个国王。889 年,他继承王位,由他开始建造吴哥古城。12 世纪前半叶吴哥王朝全盛时期,信奉婆罗门教的高棉国王苏利取跋摩二世,为了祭祀"保护之神"毗湿奴,炫耀自己的功绩,而建造了著名的吴哥窟(小吴哥)。大吴哥位于吴哥窟的北部,是跋摩七世统治时期建造的新都。

精良的建筑

吴哥古城中,所有建筑的每一块石头都是精雕细琢,遍布浮雕壁画。其技巧之娴熟、精湛,想象力之丰富、惊人,使人难以置信,以至于长时间流传吴哥古迹是天神的创造,不可能出自凡人之手。

由 54 座大大小小宝塔构成一座大宝塔的"巴戎庙",其中最特殊的设计,是每一座塔的四面都刻有三公尺高的阇耶跋摩七世的微笑面容,两百多个微笑浮现在葱绿的森林中,多变的光线或正或侧,时强时弱地探照,树草中的虫鸟此起彼落地交织轮唱,好似一个设计新颖的声光舞台秀,成为旅客最深的印象,被世人称为"高棉的微笑"。

吴哥窟高 220 米,围绕它的回廊长 1 700 米,宽 1 500 米,而这些都建在三层庞大的台基上。最上面的一层,矗立着 5 座圆锥形的高塔。它们代表的是莲花,呈 5 点形状分布,方形平台的四角各有一座,而最大的一座在平台中央。它成了柬埔寨的标志和至尊,现在柬埔寨的国旗和钱币上的图案都源于此。

吴哥古城的放弃

15 世纪上半叶,吴哥王朝被迫迁都金边。曾经繁华昌盛的吴哥城,杂草灌木丛生,逐渐被茂密的热带森林所淹没。我国一些学者认为,这是为了躲避暹罗人的入侵,高棉人才最终作出了撤离吴哥的最终决定。

第七章　独特的民俗风情

各族人民在其发展的历史长河中,形成了其独特的民俗风情。如傣族"泼水节"、彝族"火把节"、土家族"摆手舞"、鄂伦春族礼仪、彝族少女"换裙"仪式、长角苗跳花坡习俗、客家"崇九"风俗……

傣族"泼水节"

中国傣族是有着悠久传统文化的少数民族,他们主要居住在云南南部西双版纳地区,而傣族最为著名的节日是"泼水节"。

泼水节源于印度,曾经是印度婆罗门教的一种宗教仪式,其后为佛教所吸收,经缅甸传入云南傣族地区,距今有700年历史。随着南传上座部佛教在傣族地区影响的增大,泼水节的习俗也日益广泛。傣族人将它定为本族新年的庆祝活动,一般在阳历4月13日~15日之间举行。届时人们先至佛寺浴佛,然后互相泼水,用飞溅的水花表示真诚的祝福。

泼水节祝福

在泼水节的第一天里,清早时分人们就要去采集鲜花绿叶到佛寺供奉,同是取来清水"浴佛"——为佛像洗尘。"浴佛"完毕,一群群青年男女用各种各样的容器盛水,在大街小巷追逐嬉戏,逢人便泼。"水花放,傣家狂","泼湿一身、幸福终生",象征着吉祥、幸福、健康的一朵朵水花在空中盛开,人们尽情地泼洒,笑声朗朗,高兴异常……

关天泼水节,西双版纳还流传着许多美丽的传说。其中以"七女杀魔"的故事最为感人。传说,古时候有一个叫捧玛达拉乍的魔神,它违抗天神的旨意,把人间弄得雨旱失调、冷热不分、秧苗枯死、人畜遭殃,以至于人神共愤。捧玛达拉乍共有7个女儿,但这7个姑娘个个生性善良,对父王的恶行也早有愤懑。在受到天神英达提拉的点化之后,她们决心杀死父王,为人间除害。但捧玛达拉乍魔力无比,她们找不到下手的机会。终于,她们探听到了父王的生死"秘密",这天她们趁机将

傣族"泼水节"

他灌得酩酊大醉,悄悄拔下他的一根头发,缠在他的脖子上,然后一起使劲,勒断了恶魔父王的头。但滚落在地上的头颅竟又变成了新的灾难,顷刻间邪火熊熊,竹楼被烧毁,庄稼被烧焦……为了阻止灾难,姑娘们只好把父王的头轮换着抱在怀里。顿时她们身上沾满了污血,还燃起了烈火。人们感激七姐妹为人类杀死凶神,都往她们身上泼水,力图冲洗掉她们身上的污血,浇灭她们身上的烈焰。七女大义灭亲的果敢行动和功绩,受到普天下百姓的热情赞颂,深深的怀念变为永久的敬意。

泼水节爱情

这个充满祝福与安康的节日,也是未婚青年男女们寻觅爱情、栽培幸福的好机会。他们寻找爱情的方式十分浪漫,他们会通过一种"丢包"的游戏来寻找自己的爱情或是向自己心仪的对象表白。这一天,小伙们都穿着节日盛装,带着事先装备好的爱情信物——花包来到包场。姑娘们则穿上傣裙,并极尽所能地把自己打扮得美丽动人,然后打着花伞、提着花包来到包场,在相距三四十步的地方与小伙子们分列两边,然后开始把自己的"爱情信物"丢给对方。小伙子若是接不住姑娘丢来的花包,就得把事先准备好的鲜花插在姑娘的发髻上;姑娘若是接不着小伙子丢来的包,就得把鲜花插到小伙子的胸前……就这样渐渐地选中了对方,一段段浪漫的爱情故事便开始了……

泼水节气象

傣族新年的第三天,傣语称为"麦帕雅晚玛",节日的气氛达到了高潮。划龙舟则是这天最为精彩的项目之一,当天穿着节日盛装的群众欢聚在澜沧江畔、瑞丽江边,观看龙舟竞渡。江上停泊着披绿挂彩的龙船,船上坐着数十名精壮的水手,号令一响,整装待发的龙船像箭一般往前飞去,顿时整条江上,鼓声、锣声、号子声、喝彩声,此起彼伏,声声相应……傣家的天与地都充满了无穷无尽的力量。

泼水节舞蹈

傣族人民能歌善舞,舞蹈也是泼水节的一大特色。大规模的舞蹈也是安排在泼水节的第三天。这一天,爱好跳舞的男女老少都穿上节日的盛装,聚集在村里广场,参加集体舞蹈。所跳的舞蹈主要是象脚舞和孔雀舞:象脚舞热情、稳健、潇洒,舞者围成圆圈,合着锰锣、象脚鼓翩翩起舞,一边跳舞一边喝彩"吾、吾"或"水、水";孔雀舞优美、雅致、抒情,是傣族舞蹈的灵魂。

彝族"火把节"

彝族火把节,是一个用火来表达感情的节日,并享有"中国民族风情第一节"的美誉。这个节日在每年的农历六月二十四举行,一般历时三天三夜,分为迎火、赞火、送火三个阶段。在活动期间,举行斗牛、赛马、斗鸡、斗羊、赛歌、选美、摔跤、集体舞比赛及火把游行、篝火晚会等活动,场面十分热闹!

迎火

迎火是在火把节的第一天举行,彝族把它称为"都载"。一大清早,彝族的男人们全部聚到河边去宰牛杀羊;女人们则在家里忙着煮荞馍、磨糌粑面,准备以后两天的熟食。同时每家还要在早上杀一只鸡,通过察看鸡舌和鸡胆来卜问来年的吉凶,同时烧鸡祭祖,祈盼全家平安、牲畜兴旺。

早饭过后,姑娘小伙们都会穿上节日的盛装,云集在一起举行赛歌、摔跤和集体舞等庆祝活动。在活动场上,姑娘们手执黄油伞,个个如花朵一般美丽;小伙们则生龙活虎,个个英姿勃发!

待到夜幕降临时,全寨的人都会拿着用蒿枝或竹片扎成的火把,相聚在老人选定的地方,先是搭建祭台,然后取火点燃圣火,祭司诵完祭火经后人们便举着点燃的火把,游走于山间、田边和地角,以驱除病魔灾难。

赞火

第二天举行的是赞火,彝族把它称为"都格"。这一天,人们纷纷穿上节日的盛装,聚在火把场里进行斗牛、赛马、斗羊、摔跤等各式各样的传统节日活动。小伙们举行斗牛、斗羊、斗鸡等活动,姑娘们身着美丽的衣裳跳"朵洛荷"(一种彝族民间曲牌,泛指边唱"朵洛荷"边舞的活动)。当傍晚来临后,一对对有情的男女便走向山间、溪畔,双双躲在黄色的油伞下,拨动着月琴,弹响了口弦,互诉着衷肠。

送火

到了第三天,就要举行送火仪式,彝族称它为"都煞"。这一天的傍晚时分,人们把火把节的气氛推向了高潮。届时,人们会手持火把,竞相奔走,最后将手中的火把聚集在一起,形成一堆堆巨大的篝火,然后男女老少一起围着篝火尽情地歌舞,场面极其壮观!

火把节历史久远,迄今已有 1 000 多年。火把节的由来与火的自然崇拜有着最直接的关系,因为火有着消灭一切的神奇力量。火把节在凉山彝语中被称为"都则",即"祭火"的意思,彝族人是想通过这种方式来达到驱虫除害、促进庄稼生长的目的。而在仪式歌《祭火神》、《祭锅庄石》中都有火神阿依迭古的神绩叙述。简而言之,火把节的原生形态就是古老的火崇拜。

彝族民间流传着许多关于火把节的传说,其中最具代表性的是彝族英雄斗败恶神、团结民众与邪恶和灾害抗争的故事。

相传,彝族英雄黑体拉巴与牧羊姑娘妮璋阿芝相亲相爱,还立下了海誓山盟。但是,统治天地万物的天神恩体古孜的儿子斯热阿比也对美丽的妮璋阿芝垂涎三尺。两人的恋情引起了他极大的愤恨和忌妒,为了置黑体拉巴于死地,他下到凡间向黑体拉巴发起了挑战,他们进行了一场摔跤决斗。结果,斯热阿被黑体拉巴摔得鼻青脸肿,输了比赛。于是他返回天上,来到天神面前颠倒黑白、搬弄是非,天神信以为真,大怒之下,便放出了铺天盖地的天虫(蝗虫)到人间毁灭即将成熟的庄稼。

聪明的妮璋阿芝翻山越岭,去寻找居住在天边的德高望重的大祭司,并请求他帮助族人解除灾难。在祭司的指点下,妮璋阿芝和黑体拉巴带领民众上山扎蒿杆火把,他们扎了三天三夜,又烧了三天三夜,终于烧死了所有的天虫,保住了庄稼。

天神因为他们的反抗而更加愤怒,便使用法力将黑体拉巴变成了一座高山。妮璋阿芝看着这一切,心如刀割、痛不欲生,在祭司的祈祷声中也舍身化做漫山遍野的索玛花,盛开在黑体拉巴变成的那座高山上。而这一天,正好是农历的六月二十四。

从此,彝族人为了纪念这对勇敢善良的情侣,每年的农历六月二十四这天便要以传统方式击打燧石点燃圣火,燃起火把,走向田野,向他们表达敬意和怀念,同时也祈求风调雨顺、来年丰收。

土家族"摆手舞"

土家族的历史源远流长、独具特色,他们爱群居,爱住吊脚木楼。同时,爱山歌、爱戏曲,更爱舞蹈。至今,土家族保留和传承着独特的原生态民族文化——摆手舞。

土家人称摆手舞为"舍巴"或"舍巴巴",它是土家族最具代表性的民间舞蹈形式,并已家喻户晓,是土家人待人接客必跳的民族舞蹈。摆手舞的最大特点是"甩同边手",它的节奏很平稳,也比较慢,且强弱分明。伴奏的锣声与鼓点,则显得雄浑、深沉和稳重,给"摆手"活动平添了一种庄严、肃穆的气氛,使人有种置身于深山古刹闻洪钟的感觉。这种气氛,充分表现了土家人对祖先无比怀念和敬仰的虔诚之情。摆手舞按其活动规模主要分为"大摆手"和"小摆手"两种。

大摆手

土家族的大摆手是以祭"八部大神"为主,因此大摆手需要在摆手堂中举行。表演的内容有人类起源、民族迁徙、抵御外患和农事活动等。但这种大型的摆手舞,一般是按三年两摆的传统习俗来进行,活动于正月初九至十一日举行,活动时间可长达 7~8 天。届时,上寨依姓氏或族房组成一"排",每"排"人数不等,但都要设有摆手队、祭祀队、旗摆手舞队、乐队、披甲队、炮仗队。

排在首列的是龙凤旗队。龙旗和凤旗是各为红、蓝、白、黄四面,都是用绸料制成的三角大旗。旗长丈余,边缘镶有鸡冠形花边。同时又以白龙旗和红凤旗为尊,并排走在队伍的最前列。

次列为祭祀队。这支队伍由德高望重的老者组成,一般为 20 人左右,他们统一穿黑色的长衫,并手持齐眉棍、神刀、朝筒等道具。领头的人捧着贴有"福"字的酒罐,后面紧跟着的是挑五谷、猎物、团徽和端着粑粑、提着豆腐等祭品的人,他们的任务是随掌堂师行祭祀之事和唱祭祀歌。

跟在祭祀队后面的就是舞队了,舞队的成员都穿着节日的盛装,手里分别拿着朝筒或常青树树枝。

紧跟着的是小旗队。小旗色彩缤纷,用荷叶边做装饰。形状有三角形和正方形两种。而这些旗帜是用来敬献给"八部大王",以感祖恩深泽的。

接着的是乐队。其主要乐器有馏子和摆手锣鼓两种。再配以牛角、土号、野喇叭、咚咚喹等,这样的配合才能奏出土家族节日的独特旋律。

然后是披甲队。披甲队由土家人的青壮年男子组成,他们身披五彩斑斓的"西兰卡普"（土家人的花铺盖,在土家语里,"西兰"是铺盖的意思,"卡普"是花的意思）。在摆手舞中以锦为甲,显示出土家人的锐气和劲勇,给"摆手"活动增添威武与雄壮。

最后是由手持鸟铳和三眼铳的人组成的炮仗队。

土家族"摆手舞"

各队按以上程序排列进入堂中。进堂之后要先扫邪,扫邪时,掌堂师要手持扫帚,并以激越高昂的声腔,强烈地谴责那些"大斗进,小斗出,少斤缺两"的剥削者,同时还以道德的铁扫帚,清扫那些"起心害人,行盗为娼"的民族败类。这一活动充分表现了土家族疾恶如仇、淳朴善良的美德。

在祭祀时,所有的人都在掌堂师的带领下,按顺序跪下左腿,祭祀队领着众人齐唱神歌,歌唱完毕,各排便纷纷将写有"福禄寿喜"、"吉祥如意"、"五谷丰登"、"风调雨顺"等字样的供品呈于神案之上。

祭祀活动一结束,礼炮三响,撼天动地,催人起舞,瞬间全场沸腾。人们在掌堂师的指挥下,整齐地变换着舞蹈动作,时而单摆,时而双摆,时而回旋,他们舞姿优美,动作逼真,刚柔相济,粗犷雄浑。

小摆手

小摆手在各村寨摆手堂前的土坝上进行。活动之时,坝中央旌旗招展,四周遍竖彩灯。待祭过祖先后,响起欢快的锣鼓声,男女老少合着节拍,绕着旗杆下的神祖台跳摆起来。

小摆手的特点也是摆同边手,同时躬腰屈膝,以身体的扭动带动手的甩动。表演内容有"拖野鸡尾巴"、"跳蛤蟆"、"木鹰闪翅"、"犀牛望月"等狩猎动作和"砍火渣"、"挖土"、"烧灰积肥"、"种包谷"、"薅草"、"插秧"、"割谷"、"织布"等生产生活动作。

除此之外,还可按其舞蹈形式分为"单摆"、"双摆"、"回旋摆"等;按其举行的时间分为"正月堂"、"二月堂"、"三月堂"、"五月堂"、"六月堂"等。如果说发源之初的摆手舞是为宗教祭祀服务,土家族先民只赋予了摆手舞"娱神"的单纯功能,那么经过历史洗礼的摆手舞,如今又被赋予了健身娱乐的新时代内涵。

鄂伦春族礼仪

鄂伦春族,是中国少数民族之一。现有人口不到 7000 人,主要分布在内蒙古自治区的东北部。鄂伦春人信奉萨满教,崇拜自然物,他们十分淳朴,同时也很注重礼仪。

尊老爱幼

尊老爱幼是鄂伦春人最为传统的美德。无论大人小孩,对长辈都非常尊重,老人说话,年轻人要认真地听,不可以打断和插话;在老人面前,说话要语气温和,不能使用不礼貌的语言;无论在什么场合,都必须让老者坐在正位;饮酒要由老人开杯,吃肉吃饭要等老人先举刀动筷;他们的敬老习俗特别突出,甚至不可以叫长辈的名字;见到比自己年纪大和辈分高的人,都要请安问好。其中,最有特色的是请安礼和装烟礼。

请安礼:见到长辈时一定要请安,即使长辈年纪比自己小很多,也不能例外。如与至亲的长辈三五日不见,就要特意前去给长辈请安。途中遇见长辈或近邻的老人,就要在远处下马,牵着马走过去请安。请安礼有两种仪式,如分别时间不长,就请蹲礼:男性为两脚并拢后,右脚后错半步,双手扶左膝关节,向下一蹲即起;女性则两脚并拢后,两手扶于膝上,下蹲一下,口说"阿雅"(你好)。如果较长时间未见,无论男女都要请大安,即左脚向前迈一步,弯腰 90 度,右手触地面,然后起立问候。受礼者要伸出右手,掌心向上,口说"阿雅"。

装烟礼:鄂伦春族老年人见面,除了互相问候外,还要彼此互敬烟。途中两人远远相遇,认出对方后,年少些的先下马,牵着马走近。走到近处,年老些的也翻身下马,年少的立刻请安,年长的则伸出右手接礼。随后年少者将手攥成拳,跷起大拇指点一点。年长者则把烟袋从怀里掏出来递过去。年少者接过烟袋在自己的烟荷包里撮出烟装满,点燃后吸两口,就用手袖擦擦烟嘴递还。对方微笑着接过,连说"好烟",然后他也以同样的方式敬烟,这种礼节在老年人中多见。

热情好客

鄂伦春族待客淳朴、诚恳,猎人驮肉归来,不管相识与否,只要你说想要一点肉,主人立即把猎刀交给你,从什么部位割,割多少,都由客人自己动手,主人十分慷慨大方。

若有男客到,一般都要把客人让到正对门口的位置,女客则让到左右两侧的位置。鄂伦春族好客,宾友光临,除了好酒好肉接待外,客人临别之际,还要馈赠自家的土特产。

做客礼

到鄂伦春人家里串门做客,要坐主人指点的位子,忌讳闯进室内随便乱坐,绝对不能坐到儿媳或姑娘的铺位上。女人不能坐男人的铺位,更不能坐在老人的席位上。

另外,鄂伦春族过去崇拜祖先、崇拜自然物,相信万物有灵。每年腊月二十三和春节的早晨,鄂伦春族家庭都要拜火神,向篝火烧香,并扔进一块肉和酒下一杯酒,作为去拜年的客人,也要先拜火,然后往火里扔自带过来的一块肉和一杯酒。

鄂伦春人还非常重视礼仪的教育,当孩子很小的时候,父母就施以传统的礼仪教育,因而每个人都懂得和遵守民族礼仪,并一代一代地传承下来。

土家族迎宾礼

在我国少数民族中,土家人是出了名的热情好客。曾有人这样形容:"过客不裹粮投宿,无不应者。"

放铁炮

昔日,若有贵客到来,必定要放铁炮来表示欢迎。这种铁炮由土家人特制而成,如大鞭炮般大小,竖立于铁匣上,放起来震天动地。如果一时没有铁炮,也可鸣放猎枪表示欢迎。听见炮声,寨上的男女老少都会一齐出来,迎接贵宾。现在虽无此繁文缛节,但主人也会立即煨茶、装烟,做油茶汤。席上,要喝大碗酒,吃大块肉。同时,还请寨上的老人或头面人物陪客把盏。

敬烟

火塘是土家人待客的场所，客人进屋来到火塘坐下，主人将事先准备好的柴火，放到火塘中间点燃起来。待客人洗毕手脸，男主人会拿出香烟和叶子烟，由客人挑选。叶子烟用烟具装着抽，有的烟杆儿足有两三尺长，抽烟的人坐在火塘边不用弯腰，就可以将烟杆直接伸到火塘里点火。有的烟具却又很短，跟那种古老的烟袋差不多，不抽烟时可以别在腰间。还有的干脆不用烟具，将烟叶卷好夹在手指间，一边抽，一边转动。主人与客人围坐在火塘边，吞云吐雾，家长里短。

敬茶

在抽烟的同时，铁三脚上炊壶里的水发出"呲呲"的声响。原来是主人在用茶罐给客人煨茶。也有煮油茶汤的，土家人的油茶汤，制做十分考究。先将茶叶、粉丝、黄豆等物，用油炸过，加煮熟的腊肉粒、豆腐颗和玉米泡，再加葱花、姜米等佐料，掺上烧沸的油汤，吃起来清香爽口。

茶煮好后，主人便按数量一一倒好。接着又会按客人的年龄大小、尊长顺序，先客后主，挨个递到人们手中。大家手捧着茶碗，尽情地品尝。顿时，屋子里弥漫着烟香、茶香、柴火香。

吃席

敬过烟，吃过茶，男主人或请来陪客的人便陪着客人聊家常，不一会儿，女主人就把一桌香气扑鼻、味道鲜美的饭菜做好了。摆上碗筷、酒杯，男主人拿出地道的包谷酒给客人一一斟上。土家人有"客到进门三杯酒，客走上马三杯酒"的说法。无酒不成席，无酒不成礼仪，主人不为客人准备酒是极不礼貌的。

上席的菜式也有讲究，只能是7碗、9碗、11碗等单数，因为8碗是"叫花子席"，10与"石"同音，对客人不尊重。在喝酒、吃饭过程中，主人会时不时地给客人夹腊肉。客人不能推辞，否则便是见怪。宾主之间推杯换盏，边吃边聊，酒足饭饱后，再次来到火塘边装烟、倒茶。

当客人告别返回时，主人会送客人出门，同时还会一再叮嘱客人有空再来玩，客人也应诚恳地邀请主人到他家去做客。

热情的维吾尔待客礼

维吾尔族是我国的少数民族之一，同时也是一个十分热情好客的民族。来到他们家里的客人，都会受到热情款待。

　　客人来到时，主人会在门口热情迎接，进屋后也会热情地让座和问候。他们款待客人的第一个程序是请客人喝茶。在喝茶时，要端出馕、方块糖、冰糖、葡萄干、杏干及自己制做的各种小点心和饼干等。待客的茶一定要是新烧的，主要有奶茶和大碗奶茶这两种，他们还会把馕掰碎放在碗里，让客人方便食用。在瓜果飘香的夏季和秋季，摆在客人面前的不仅有馕和茶等，而且还有新鲜的葡萄、红沙瓤的西瓜等。

　　喝过茶后，还要做饭招待。用什么样的饭来招待客人，要根据不同的客人来定：对于远道而来的客人，他们通常会做"玉古勒"（银丝擀面）来招待，因为"玉古勒"有面有汤，可以解除疲劳；自己的朋友来做客时，也会根据朋友们的口味来做各种饭食招待。常用于待客的有包子抓饭、油炸包子、拉条子和各种炒菜等。维吾尔人招待客人时很少用一种饭菜，而是三四种以上，尽量做到干稀结合和让客人品尝到各种风味。吃过饭后，还有烧茶和水果之类的点心。如果是贵客和远道而来的亲戚到家，有条件的家庭要宰羊热情款待客人，条件差一点的至少也要杀一只鸡，用丰盛的食物招待客人。

美丽的维吾尔族舞蹈

　　客人起身告辞时天色已晚，热情的主人总要盛情地挽留客人住在家里。客人住宿时，他们总是拿出最好的被褥给客人用。维吾尔族家家户户都有备用的被褥。第二天清晨主人要早起，为客人准备早安——求神保佑客人平安幸福。

　　维吾尔人待客热情还体现在，只要一家来了客人，亲友邻居都轮流相请。如此盛情的待客之道，在各个民族中并不多见。

彝族少女"换裙"仪式

　　"换裙"，是凉山地区彝族少女成年时要举行的一种神秘仪式，彝语叫"沙拉洛"，俗称"换童裙"，意为脱去童年的裙子，换上成年的裙子。

　　在彝族人看来，"换裙"仪式的意义非比寻常，它和出嫁一样都是女儿的终身大事。彝族少女在"换裙"之前，穿的是红白两色的童裙，梳的是独辫，耳朵挂的是穿耳线。"换裙"仪式举行之后,就要穿上中段为黑蓝色的三接拖地长裙,原先的独辫要改梳成双辫,并要戴上绣花头帕,挂上耳坠。

"换裙"时间根据少女的发育情况而定,一般在 15 岁或 17 岁,多择单岁。因为在当地彝民看来,双岁"换裙"会多灾多难,终生也不会吉利。至于"换裙"的具体日期,也一定要请村里德高望重的老人好好择算,最后定下吉日佳期。

"换裙"之前,父母要精心准备,特别是母亲,因为母亲是女儿的贴心人,也最了解女儿的生理状况,在临近换裙前就精心地为女儿准备好新的成人服饰。

"换裙"这天,主人家像过节一样喜气洋洋,富有的人家要杀猪宰羊,大宴宾客;穷人家最少也要杀鸡泡酒,招待亲邻。一大早,男女宾客便纷纷登门,送礼祝贺。

彝族少女"换裙"庆祝

举行"换裙"仪式时,只邀请女亲戚女朋友参加,绝不允许任何男子在场。"换裙"仪式的过程也因地区不同。有的地方是请一位成年女性坐在果树下抽打一头小猪,待猪死后,用它在"换裙"少女的头上连续转上几圈,以驱除邪恶。有的地方在仪式进行的过程中,仅由妇女们说些逗笑少女的风流话和祝愿词。有的地方则一直在歌声和笑声中进行,先由为首的姑娘用歌声挑逗、审问"换裙"的少女,问她喜欢谁? 是喜欢好吃懒做的人,还是勤劳勇敢的人? 是喜欢诚实忠厚的人,还是喜欢投机耍滑的人? 面对审问和戏弄,"换裙"少女一般不开腔回答,只是低着头羞涩地坐着,规规矩矩地接受一切审问。所有审问的内容一概由坐在少女身边的一位姑娘一一作答。最后,为首的姑娘总是独唱这样一首歌:"要戴银牌要亲手系,要戴珠链要亲友串,要找知心人要亲自选。"

唱完、闹完之后,便请一位漂亮大方且能干的妇女给"换裙"的少女梳头,将原来梳在脑后的单辫梳解开,然后从正中分开,在耳后梳成双辫。同时戴上黑色的花哈帕,额前的刘海用少许水打湿抹光,使之整齐发亮,以显示少女情窦初开。然后佩上艳丽的耳珠,最后换上蓝黑色的三接拖地长裙——这是最美好的时刻,在场的妇女或姑娘都沉浸在美好的回忆或对幸福的向往之中,从而使"换裙"仪式达到高潮。

"换裙"仪式结束后,所有的男性宾朋们才能一起参加欢宴。大家席地而坐,愉快地吃肉饮酒,以示庆贺。

隆重的潮汕成人礼

我国法律将 18 岁定为法定成人年龄,即无论男女,只要到了 18 周岁,就可以享受权利,同时还必须履行义务。但在民间,则约定俗成地将 15 岁视为成人的年龄。在我国各地,有许多地方会为符合年龄的孩子举行成人礼,只是繁简不同。要论成人礼的隆重程度,首推潮汕地区。

潮州人将成人礼称作"出花园"。原来,潮州人历来都把花公花妈当成是保佑小孩子平安的神,未成年的男女可以在花公花妈的园子里过着天真无邪的生活。到了 15 岁,应该走出花园,承担成人的责任。潮州人把它看成人生的一个分水岭,所以仪式要办得隆重认真。从潮州的市面上有许多从事这项仪式服务的行业就可以看出它的隆重程度。因潮人称行成人礼为"出花园",所以他们的店前都有用大红纸写的"出花园"三个醒目的大字,这些店铺就是专为"出花园"的孩子服务的。除了食物外,凡是行成人礼所需的用品,如木屐、花篮、腰肚(腰兜)、桶盘、米筒、笔筒等,应有尽有。潮人喜欢红色,所以出花园的用品大都或添或刷以浓烈的大红色,使得店内红光耀室,喜气洋洋。有的店家还免费向顾客提供有关这方面仪规的咨询,以招揽生意。因为孩子都是父母长辈的希望和寄托,而且现在大多数家庭都是独生子女,成人礼更是"几十年等一回",谁都想把自己的心肝宝贝的成人礼办得体面而隆重。可是对于礼俗中的那么多繁文缛节,有多少人能记得清楚呢?

在举行仪式前,一般都要先求神问卜,避开"忌讳"或"冲撞"。出花园礼仪,潮汕各县市大同小异。主要的步骤有:

第一步:沐浴更衣

沐浴的水要烧开后再降温,同时还要泡上 12 种鲜花,鲜花种类可依季节而定,花名吉利则可,但一定要凑足 12 种,如百合、桂花、牡丹、芝兰、红花(石榴花)、玫瑰、百日红、千日红、九里香再加上榕树枝、竹枝、桃树枝、状元竹、青草等一起泡制。但是,一定不可以用菊花。因为,"菊"、"革"、"激"潮音皆相同,而不管是"革"还是"激",都含有憋屈的意思。沐浴的时辰要选在正午。这时,准备接受礼仪的孩子一定要庄重地用这种香汤擦洗自己的身体。

"香汤沐浴"完毕之后,母亲就会送来新衣,让孩子更换。虽然穿红皮木屐和贴肚脐眼处围上新肚兜是旧时的古俗,但在今天仍然免不了。

第二步:跪拜花神

穿戴整齐后,母亲会将其带到神龛前,引导他下跪拜公婆神和花公花妈。原来,在他们洗浴的时候,家人们也在忙着把红漆八仙桌摆好,并在上面摆满供品,桌上的供品除了潮人敬神必备一些鱼肉、祭牲外,八仙桌最为惹眼的便是中间摆着的一只大鸡,这只大鸡身上其他部位毛都被拔光了,唯有鸡头上留下一撮绒毛。接着,再把公婆神、花公神、花妈神请来供在龛上,然后虔诚地跪下来口中念念有词,进行祷告。

第三步:咬鸡头、吞"鱼术"

拜过公婆神、花公花妈神,可以坐下来宴饮庆贺了。这时,亲友们已经围坐在一起,只等新主人前来。席间大家开怀畅饮,共庆"成人"。受礼人15年来第一次成了宴席主人,不管胃口如何,桌上有两样供品必须吃掉,即清蒸青鱼和那只留下一撮绒毛的公鸡。清蒸青鱼又叫乌鱼,乌鱼肉可以不吃,但乌鱼脐必须吃,因为它象征着男性的生殖器,潮人叫"鱼术"。而那只留下一撮绒毛的公鸡,最好整个鸡头吞下去,再不济也要意思意思咬上几口。吃"鱼术"、咬"公鸡头",其用意是希望男孩子长大之后能做个真正的"男人",更希望长大之后,"宁为鸡头,勿当牛后"。男孩子用公鸡,如是女孩子则用母鸡,因为母鸡能下蛋。

咬了鸡头,吞下"鱼术",母亲就将行仪式时焚化的纸尘香灰连同香炉一起丢弃到野外,算是告别了童年。

第四步:"换肠肚"

原则上说成人礼仪式已全部完成,但对于当事人来说还有一个"尾声"。这一天,受礼人必须躲在自己的房里,不得外出,更不得和小孩玩耍。有的人家更讲究,会为他准备一只猪肚子,煮熟了让他躲在门后独自享用。人们称这一礼俗为"换肠肚"。

长角苗跳花坡习俗

跳花,又称跳场、跳年、跳厂、跳月、跳芦笙等。名称不同,内容却大同小异,都是青年男女的交际活动形式。这类形式的活动,古代曾流行于绝大部分的苗族中。现在贵州地区除了松桃、铜仁、务川、道真等地已消失外,其他地区仍旧盛行。

跳花的时间,不同的地方各不相同。如毕节大南山是正月初三到初五,贵阳花溪的桐木岭是正月初八至初十,惠水乌流河是正月初四到初六,长顺竹林山是正月初六到初九,广顺周围是正月十一到十三,平坝县羊昌河为正月十二至十四,晴隆、普安一带是正月初一到十五,水城南开是二月十五。

跳花节日期间,苗族人民穿上节日盛装,聚集于花场——跳花有固定的跳花坡,如安顺附近就有三个,其他地区也都有多处花坡。参加跳花的都是未婚青年,男的打扮时髦,女的穿着艳丽,共同跳芦笙舞。以此作为媒介,互相认识,谈情说爱,以后就经常接触,互相走访。

跳花坡

在跳花场上,男子吹笙舞蹈,女子摇铃执帕起舞附和,围绕花树翩翩起舞,或者女子吹笙舞蹈。跳花内容还有爬花杆比赛,有比射弩、比针线手艺,有武术表演、斗牛,有唱山歌等文体活动。

威宁等地的跳花别有一番情趣:除了集体跳舞外,男的还要进行吹笙、扯草、骑马、射弩、跳远、跳高比赛,斗技艺、赛勇敢;女的要进行穿衣、穿针、刺绣等表演,比智慧、赛灵巧、争美丽,优胜者往往是异性争相追求的对象。

跳花的目的主要有三个:一是为预祝丰年,苗族中流传有一句谚语:"苗胞不跳花,谷子不扬花";二是为青年男女提供谈情说爱的机会;三是为了娱乐休息,因为生活在山里的人们一年四季都要上山下田辛苦劳作,只有趁过年的歇息之际,好好休息娱乐,放松身心。因此,苗族对每年的跳花都非常重视。

云南"十六怪"

云南,以其美丽、丰饶、神奇而著称于世,并吸引着世界各地的游客。因此,云南"十六怪"也随之闻名。所谓"云南十六怪",是描述云南独特的地理位置、民风民俗所产生的一些特有的甚至有些奇怪的现象和生活方式。

云南第一怪：鸡蛋用草串着买

云南山地占 90% 以上，道路坎坷崎岖，人们赶街卖鸡蛋，都会用草裹缠着，防止蛋壳破裂，同时方便了出售。鸡蛋如此包装不易破碎，而且像一件奇特的艺术品。

云南第二怪：粑粑饼子叫饵块

云南地区把用稻米蒸煮制成的饼状的干粮和点心称为"饵块"，这种食物便于携带即食，别有滋味。如果再烤一烤、抹点酱还特别香。

云南第三怪：三只蚊子炒盘菜

云南的许多地区，天气较为炎热，终年蚊蝇不绝，特别是野地与牲畜圈里的蚊子个头都比较大，所以夸张地说三个蚊子一盘菜。

云南第四怪：石头长到云天外

在云南，耸峙在高山峻岭的奇峰异石随处可见，千姿百态，石林风光为天下绝景，鬼斧神工，令人不可思议。

云南第五怪：摘下草帽当锅盖

草帽是云南各族擅长的工艺，四处可见草编的座椅、草墩及草编的帘子、锅盖帽子。外地人被草编的世界所眩目，见到形状类似于草帽的锅盖，当然就怪了。其实，用草编织而成的帽子当锅盖不仅捂得严，而且还能给食物留下一种清香。

云南第六怪：四季衣服同穿戴

昆明素有"春城"之美誉，年均温度平均为 10～21℃。因此，"四季乱穿衣"成了昆明的一大特色。

云南第七怪：种田能手多老太

云南多高山深谷，当地的妇女们从小到老都勤劳无比，爬山越岭、种地砍柴都习以为常，因此练就了一身矫健的身板与脚劲，就算是七八十岁的老太太，无论是登山干活还是下田种地都十分麻利。

云南第八怪：竹筒能做水烟袋

云南竹类资源丰富，竹的利用也广泛，如用于制作干栏式竹楼、竹椅、竹笠等。尤以竹烟筒最具特色，烟气通过蓄水的竹筒，既保持了旱烟的醇香，又用水过滤掉了其他杂质，吸时还发出有节奏的咕嘟声。既起到了滋润喉咙的作用，又做到了有声、有色和有味。

云南第九怪：新娘要把墨镜戴

从前结婚时，为了遮羞避邪，新娘要盖一块红盖头，而居住在大理的白族是一个善于接受新生事物的民族，早在 100 多年前结婚戴墨镜就已经是很时髦的事情了。

云南第十怪:蚂蚱能做下酒菜

云南许多地区的人都有吃虫的爱好,变害虫为佳肴,化昆虫为美味,所以昆虫都在油煎之后,焦脆鲜香,成为美味的下酒菜。而油炸蚂蚱尤为出名,看着怪异,但吃起来香脆可口。

云南第十一怪:姑娘被叫做老太

云南方言里傣族发音是傣族,而且一般会叫老泰。外地人闹不清是怎么回事,见到对着傣族姑娘"老泰,老泰"地叫,就以为是老太太的意思。

云南十二怪:这边下雨那边晒

这句话是用来形容云南特殊的地理位置与十里不同天的多变的气候的。相差十里便会有不同的天气景象,而同一座山的两面也是一面艳阳天,一面雨倾盆。

云南十三怪:新鞋后面补一块

少数民族妇女喜欢在绣花鞋后面,用布巧做鞋曳,上面绣花精心点缀,既美观又有挡灰挡泥的实用价值。

云南十四怪:火车没有汽车快

由于云南山区峰壑沟洞太多,火车往往须盘山而行,速度自然就慢。而汽车在云南运输中大占优势,看起来还真的感觉有些怪。

云南十五怪:娃娃出门男人带

男人带娃娃,在外人眼里看这是角色颠倒,其实是不懂男女平等。云南山高坡陡,男人背娃娃不仅安全可靠,而且显出男人本色。而且这里的汉子爱妻爱儿成为风尚,"模范丈夫优秀爹"在街头比比皆是。

云南第十六怪:和尚可以谈恋爱

云南与几个信奉佛教的国家接壤,而佛教国家的男子上寺庙当和尚就像内地上学读书或服兵役一样,到时还可以还俗结婚生子。受其影响,边民也有穿和尚服谈恋爱的。

客家"崇九"风俗

客家是一个具有显著特征的汉族分支族群,他们自古就有着"崇九"的风俗。因为客家话的"九"与"久"同音,所以客家人把"九"视为"长长久久"的吉祥象征。那么,这"崇九"风俗都表现在哪些方面呢?

破学启蒙时

由于"韭"与"九"谐音,小孩破学启蒙的宴席上都要有韭菜,而且不管小孩子喜欢不喜欢韭菜的味道,多多少少都要吃一些,才能预示着孩子的学业能持之以恒,以后将大有成就。

谈情说爱时

客家人也通常用山歌来传递爱情,而在谈情说爱的过程中,总是对爱情寄以美好的希望,并希望美好的爱情能天长地久。因此,恋爱的山歌会也常常出现多种与"九"谐音的事物。如有歌这样唱:"燕子含泥过九江,妹子送郎出外乡,九月九日种韭菜,两人交情久久长。"

婚姻嫁娶时

"九"在客家人的婚姻嫁娶中显得非常重要,因为婚姻是一辈子的大事,而在漫漫的婚姻路上难免磕磕碰碰,所以希望在结婚之时能有一个好的兆头,从此两个人一生和和美美、长长久久。同时,也是为了吉利,男女双方相亲、换帖,一般都选与"九"有关的日子,聘金尾数要带9,如1999元,迎亲的队伍也要凑足9人,凡礼品都要以9数方为吉利。

老人做寿时

在给老人做寿时,同样要讲究"九"的习俗,喻意老人能长久安康、福寿延绵。所以,寿饼要做81个或360个,所用菜都暗切"3、6、9",如三鲜汤、炖狗肉(狗偕九)、韭菜豆腐、重阳(九九)寿糕等。

建新房子时

客家人在建新房子时,也要挑选与"九"相关的日子,如初九、十八等,所建楼房的层数和房间数也是3、6、9等九的倍数,取长久同居共处之意。

离家外出时

另外,客家人对九的重视,还表现在把正月初九视为良辰吉日方面。尤其是春节后,出门做工、经商的人一般要到初九这天才离家启程,期望在新的一年里吉祥如意,兴旺发达。

第八章　神秘的原始部落

　　与世隔绝的图瓦人、居住在洞穴里的峰岩洞人、塔克拉玛干沙漠深处的原始村落、神秘的印第安人原始部落、古老的非洲穆尔西人、中非蒙贡坝"矮人部落"、"月亮之子"佐埃人……我们离他们很远,且对他们知之甚少,但他们原始的野性美却深深吸引着我们。

与世隔绝的图瓦人

　　在阿尔泰山深处的喀纳斯湖区,生活着一个鲜为人知的部落,他们很少与外界交流,像喀纳斯湖一样充满神秘色彩。

　　随着部落西北著名风景区喀纳斯湖的旅游开发,人们开始慢慢接触这个古老的部落,当地人叫这个地方为禾木喀纳斯,并自称为"图瓦人"。

图瓦人的历史

　　关于图瓦人的历史,一直没有明确定论。许多学者认为,图瓦人可能是成吉思汗西征时遗留下来的士兵繁衍的后代。

　　据史料记载,成吉思汗统一蒙古部落之后,曾有过三次西征,每次都要翻过阿尔泰山,在"也儿的石河"畔休整。"也儿的石河",就是今天的"额尔齐斯河"的古代称呼。"额尔齐斯河"从阿尔泰山下的布尔津县城边流过,在其上游30公里处,汇入它的一个重要水系正是风光秀丽的喀纳斯湖。

　　虽然,史书上并没有关于这段历史的明确记载,但从现在图瓦人的具体情况来看,首先,他们的长相的确与蒙古人非常相似,而且服装服饰和生活习惯也基本与蒙古人一致;其次,他们与蒙古人一样大都信仰喇嘛教,同时也都保留了一些萨满教的遗俗。

　　在图瓦人的家中,几乎都挂着成吉思汗的画像,而且大多数图瓦人认为自己与成吉思汗有关系。但也有图瓦人持不同看法,他们指出之所以挂成吉思汗画像,是因为崇拜成吉思汗这样的英雄,而不是认为成吉思汗与自己有什么直接的关系。

图瓦人的语言

图瓦人基本都会讲蒙古语，但他们的语言中另带有古突厥语的成分，以至于蒙古人大多无法听懂他们的语言，可他们却能听懂蒙古人所说的话。

图瓦人的居所

图瓦人所居住的房屋都是用原木筑砌而成的，下为方体，上为尖顶结构，像毡帐一样留有天窗，再覆盖上泥土。天长日久，屋顶长满了茅草，从远处看就像一座座小山包。

图瓦人的村子散得很开，因为每家都有很大的栅栏。图瓦人的房屋前有栅栏，大门就在栅栏的中间。图瓦人的大门一般有两种，一种是活动门，人出出进进，推动即可；另一种是横杆门，栅栏的连接处别着三四根细木头，要出门时，只要将这几根木头取下即可。这种横杆门非常简单，却有着很高的地位，它不像活动门那样，一推即可进入，而是要先在栅栏外喊叫主人，报上自己的名字，说明来意，主人才会为来人开门，来人不能擅自进入。这种横杆门，似乎包含着图瓦人的某种古老的传统。

图瓦人的房屋后面也有着长长的栅栏，他们从这里上山砍柴，并沿原路返回。时间长了，每家栅栏旁都形成了一条小路，每家人都自觉地走在自己家栅栏旁的那条小路上，绝不轻易走别人栅栏旁的那一条。图瓦人房屋后面的栅栏，还可用于圈养牛羊，牛羊似乎也认识自己家的栅栏和小路，早出晚归，走到村口自觉散开，顺着自己家的栅栏返回。在图瓦人的世界里，似乎人和畜在许多事情上都坚持着共同的原则。

图瓦人的小木屋

图瓦人的饮食

俗话说："靠山吃山，靠水吃水。"喀纳斯湖地区水草丰茂，畜牧便成为图瓦人的主要经济来源。他们每年都能向前来购买牲畜的商人们出售 5～10 只羊、2～3 头牛。牲畜的皮毛也可以卖钱。

图瓦人大多种植少许大麦和燕麦，他们有时会用奶茶拌食炒熟的大麦在木臼里舂成的炒面粉"达木干"。舂"达木干"是图瓦妇女的一项很艰辛的劳动，完全靠她们的体力用木椎将大麦舂成粉。

图瓦人不种蔬菜，也很少吃蔬菜。他们也种一些自己吸食的浓烈呛人的烟草。马肉是他们最爱吃的肉食。

在深秋季节里，图瓦人会上山打松子。山里盛产的贝母、柴胡、虫草等药材是他们采集的对象。他们还能在山上打到松鼠、狼、雪豹和狐狸等猎物，打猎不仅能给他们带来野味，也给他们带来一定的经济收入。

图瓦人还特别喜欢喝酒，他们把酒亲切地称为"阿拉干"，而且酒量都非常不错。每逢节日或遇到高兴的事情，他们便宰杀一只羊，邀上三五好友，在家中开怀畅饮。图瓦人喝酒的碗很大，一斤酒一般只能倒三碗。喝酒的时候还有很多礼节，主人倒一碗，自己先喝，然后给客人一一敬酒。一轮完毕，主人又喝一碗，又敬下去。主人敬第三碗后，便将酒瓶递给客人中的一位，朋友马上接住，并敬上一圈，再递给另一个人。这样的喝酒方式非常豪爽，因此每次聚会几乎所有的人都会喝醉。

图瓦人的婚俗

图瓦人的婚俗非常有趣。结婚前，要举行订婚仪式，男方要给女方家送 1～2 匹马，根据女方家的人数，准备足够的赠送布料。送礼时，男方还要给女方唱送礼歌，女方如有回唱，表示两家人和睦友好。等到结婚时，全村像过节一样，男女老少都穿上礼服、带上礼物前去赴宴。

在图瓦人的观念里，羊皮是上天赐予的礼物，他们从不将羊皮从大门口拿出去，即使真的要卖，也只从栅栏上递过去，用图瓦人的话说："这样，就好像羊仍在家中。"如此重要的羊皮，在图瓦人的婚礼上必不可少，而且还扮演着非常重要的角色。

结婚那天，双方家长都要准备一张羊皮。迎亲的时候，男方到了女方家，女方便拿出一张羊皮，让男方与来迎亲的人争抢。众人各抓羊皮的一角，奋力往自己的怀里扯。羊皮的韧性好，所以不必担心羊皮会被扯破。慢慢地，便有人因力气不支,手腕一酸就脱了手。只要手一离开羊皮,就不能再去抢了。抢羊皮只图过程,显示了男子汉的风度,同时也是为了点缀婚庆的气氛,抢着羊皮的人,并不将羊皮拿回家,而是献给在场的长者。将新娘迎回男方后,男方也要拿出一张羊皮让女方送亲的人抢。同样地,得到羊皮的人也要将羊皮送给长者。

图瓦人的未来

图瓦人自定居喀纳斯湖区以来,就一直在这里过着乐天知名的生活。水到渠成地结婚,生子,抚养孩子,然后渐渐老去。

尽管喀纳斯土地肥沃,物产丰富,图瓦人不愁吃穿,但他们的生活并不完全是一首美妙的牧歌。

由于长期封闭地生活在喀纳斯,邻近只有游牧迁徙和宗教信仰不同的哈萨克族,此外,再也没有其他人种,图瓦人为了延续后代,就只有近亲结婚。而这样的行为不仅影响到他们的人口素质,也使其人口数量急剧下降。政府为了改变他们的这种状况,曾想方设法将他们迁到山下,给他们盖了房子,圈划了牧场,但他们却又很快自行返回山上,恢复到从前的简单生活。

因为没有欲望,他们都很知足,从来就没有想过"山穷水尽"的一天。因为他们并不穷,有的人家虽然家徒四壁,生活很简单,但他们有牛羊,有山上的猎物,有足够的酒。

在漫长而寒冷的冬季,大雪封山达5个月,他们便只能窝在家里,用烈酒打发长达十六七个小时的黑夜。在喀纳斯,他们不需要电,也不需要电视或其他现代文明,他们只要酒,只爱酒,男女老少都喝酒。对于他们来说,富有就等于有"阿拉干"喝。但是10年、20年、30年后,他们还能不能有"阿拉干"喝,有足够的猎物打? 如果他们无法像今天这样自给自足地生活,他们又将去向何方?

荒漠深处的"大河沿村"

在新疆塔克拉玛干沙漠的深处,有一个叫"达里亚博依村"的村落,我们汉语称之为"大河沿村"。

大河沿村处于沙漠深处茂密的胡杨林带,一共有160多户,共700余人。村子离最近的县城约300多千米,沿途沙丘起伏,人迹罕至。村民的粮食和日用品全靠骆驼运输。通常从县城到大河沿村,骆驼整整要走8天。大河沿村村民居住得非常分散,只有村委会附近有几户相隔一两公里的人家,其他人家一般相距五六十公里。

大河沿村以克里雅河床为界，分为卡鲁克和加依两个部落。他们世代以牧猎为生，不种谷物及瓜果蔬菜。由于自然条件的限制，近一两百年来，这里的人们始终保持着自己的风俗习惯和生活方式。

据资料记载，1896年1月，瑞典探险家斯文·赫定曾无意中闯进这个人迹罕至的地方。他沿着河岸，一直走到克里雅河的尽头，发现这里不仅有成群结队的野骆驼，而且有许多野猪。斯文·赫定还遇到了许多放牧的牧人，他经过观察后写道："这些人都不想将来，政府的权力也达不到他们。他们生活在一个和外界不相通的沙漠小岛上，成为半野人。"

事实上，直到1959年政府派人找到他们之前，这里的人们还过着与世隔绝的世外桃源生活。1989年9月，新疆维吾尔自治区的主席前来看望他们。他走家串户，嘘寒问暖，送去生活用品，并当即决定建立一所寄宿学校，培训医护人员和兽医，开办邮政所和信用社，这些举措将远离人类视线的大河沿村人推到了"前台"。

如今，荒漠里的大河沿村已经成为中外人士考察寻访的热点。半导体收音机响亮的声音传遍这古老的村落，汽车也偶尔会出现在密林深处。现代社会的文明慢慢渗入村庄，但他们仍过着俭朴的生活。

大河沿村人以食羊肉和面饼为主，用木炭火烤全羊，或用红柳枝为扦烤羊肉串，风味独特；其面饼大得出奇，有的甚至重达10～20公斤。这种面饼用麦面或包谷面做成，不用发酵，埋在木炭火中烤熟，然后拍去上面的尘土即可食用。他们除洪水季节能喝到河里的甜水外，平时人畜饮用的都是咸苦的渗坑水。

他们居住的房屋都很简陋，以圆木排列成墙，上盖房顶，形似木笼。每一户人家都有好几处这样的房子。房子周围很少有院墙。因为这里的人们很淳朴，所以也就没有偷盗。

在大沿河村基本上没有贫富差别，保留着按个人贡献大小分配食物的古老习俗，村落首长和贡献突出的人略有优待，分给大块馕和羊腿肉。人们的收入主要靠放牧的羊、马、驴、骆驼。此外，也到沙漠边缘挖大芸，用这种药材在代销店和商人手中换取商品。

为了改善他们的生活，政府曾希望他们迁到条件更好的地方去，但遭到了他们的拒绝，他们习惯于在大森林和大沙漠中过无拘无束的生活。

神秘的印第安人原始部落

沿着巴西亚马孙重要支流黑河上行约60千米，穿过层层茂密的亚马孙热带雨林后，便进入了阿里亚乌印第安人原始部落。这个原始部落仅有 20 人，分别来自巴西和哥伦比亚接壤边境地区的五个部落。

阿里亚乌印第安人原始部落坐落在河边突出的坡地上，其标志性的建筑是一个高大的用木材和树叶搭成的大草棚，这是他们举行祭祀仪式的场所。在这一建筑周围，是部落族人居住的草棚。此外，还有一个公用的厨房和一个供未成年女孩居住的草棚。整个部落被茂密的热带雨林所包围，占地约 1000 平方米。

由于部落里的成员来自不同的地方，他们的语言各不相同，为了方便交流，所有部落成员统一使用图卡诺语（巴西、哥伦比亚交界处一种土著人的语言）。在印第安部落中，共有 7 位女性、13 位男性，他们来自 6 个不同的小家庭。部落的最高领导是酋长，采用世袭制。而部落的未成年女孩，必须居住在为她们单独建造的"闺房"中，直到她成年。

整个印第安部落共同劳作、共同饮食，他们团结一致、和睦相处。在印第安部落中，除了油灯外，没有任何其他照明实施。他们依旧过着"日出而作，日落而息"的原始生活。他们的主要食物是鱼类、猎物、木薯、甘蔗及野果。

部落里的女性负责洗衣做饭，男性负责耕种捕猎。每天上午，部落里的成员辛勤劳作，下午则集体举行祭祀活动。祭祀时，部落成员皆载歌载舞。

印第安人的祭祀活动非常神秘。阿里亚乌印第安人原始部落的祭祀活动在那标志性的建筑"大礼堂"里举行。大草棚没有窗户，只有一个让人进出的小门，光线非常昏暗。

在祭祀开始前，部落成员将全身上下都涂上红色和黑色的各种花纹。这些花纹，除表示自己来自哪个部落和美观外，不同年龄的人，身上的花纹还代表着不同的意义及社会地位。如未成年孩子身上的花纹，往往表示健康、平安、快乐之类的意义；成年男性身上的花纹，往往代表着自己的身份或职业，如乐手、舞者等。

当祭祀开始的时候，落部的男女老少全部赤裸着上身，男女混合成一排，男人一边用自制的乐器吹奏印第安古老的音乐，以便伴着节奏翩翩起舞，女人则踏着节奏为男人伴舞。他们的音乐神秘而独特，他们的舞姿灵动而优美。

此外，印第部落男性成员的头上，都戴着用羽毛做成的、很有讲究的头圈。这些头圈和身上的花纹一样，分别有着不同的意义。如酋长的头圈最为独特，不仅样式和其他人不同，就是制作头圈的羽毛也和其他人不一样。当酋长有事必须离开部落时，酋长的头圈也只有他的儿子、下一任酋长才有资格戴。

很难想象，在远离繁华甚至危机四伏的热带雨林中，还生活着这样一个神秘的印第安部落。我们在初步了解他们的同时，也为他们有点隐隐担忧——印第安人不懂文字,他们无法用文字将他们的古老文化记录和保存下来,事实上他们的很多古老文化已经不复存在。那么,再过若干年后,我们是否还能欣赏到他们独特而富有魅力的音乐和舞蹈呢?

古老的非洲穆尔西人

在埃塞俄比亚西南部的奥莫河流域,生活着一支古老的原始部落,他们就是"穆尔西人"。

穆尔西人属于半耕半牧的民族,如今约有 5 000 人。他们过着自由的生活,没有领导者,只有遇到非常重要的事情时,才会开全族大会。每当他们做出某一项决定,他们会通过看牛肠子来占卜吉凶,这种古怪的举动很难让人理解。他们有自己的语言,却没有文字,他们几乎都听不懂埃塞俄比亚的官方语言。

古老的穆尔西人,吸引着许多学者的目光,他们对穆尔西人的生活、风俗等进行研究后发现,穆尔西男人崇尚暴力,而穆尔西人女人以"大盘子嘴"为美。

崇尚暴力的穆尔西男人

穆尔西男人往往非常高大结实,他们上身赤裸,全身涂一些简单的油彩。他们同自己的邻族长期处于敌对状态,他们是一群令人生畏的好斗者。

在大多数穆尔西男人的前胸、后背、胳膊和大腿上,都用尖刀划满了杠杠,一条杠代表着其杀死过一个敌人,身上杠越多则越受族人的尊敬,也越会得到族中姑娘们的青睐。

然而,以凶悍著称的穆尔西部落的内部,人们却能够和平共处,他们甚至在部落内实行民主制度。在遇到重要事情需要集体讨论时,身上杠多、口才好的男人会受到普遍的尊敬。

以"大盘子嘴"为美的穆尔西女人

穆尔西女人以"大盘子嘴"为美。她们在很小的时候,就要动一个小手术——用小刀将下嘴唇和牙龈之间切开一个口子,使下嘴唇与齿根分离。然后,放一个小盘子把口子撑开,使其不再长回去。随着年龄的增长,小盘子也渐渐换成了大盘子。

成年的穆尔西女人,嘴里甚至能放下直径十几厘米的大盘子。盘子都是用泥土烧制或用木块做的,平时放在嘴里,吃喝的时候才摘下来。

至于穆尔西女人为何以"大盘子嘴"为美，我们无从考证。但人类学家研究说，这个传统大致有三种解释：一是古时人们为防止外族入侵者或奴隶主看上本族的姑娘，故意把她们打扮得吓人以葆其纯洁；二是防止魔鬼从口里进入身体；三是女子美丽的标志。

在穆尔西部落，姑娘嘴里的盘子越大，则其身价越高。穆尔西人极少吃牛肉，因为他们将牛视为镇家之宝，他们会在孩子嫁娶时用牛做彩礼。如果姑娘嘴里的盘子非常大，那么她的父母就可以收到几十头牛的彩礼，他们一下就可以成为富翁！

穆尔西女人

靠狩猎、采集生活的布须曼人

在非洲西南部的小国纳米比亚的马林塔尔地区，生活着一群"布须曼人"。除纳米比亚外，布须曼人还散居在非洲南部的博茨瓦纳的南部丛林和卡拉哈迪沙漠中。

这是一个古老的族群，已经在非洲生活了 2000 多年，大部分部落至今仍保留在原始状态。

布须曼人身材矮小，他们的平均身高不足 1.5 米，体重也只有 45 公斤。他们的皮肤颜色近似于蜂蜜的颜色，高颧骨和低眼梢是其面部的主要特征，大多数布须曼人稍稍有些驼背。

在布须曼部落中，没有酋长，做决策时需要投票，尊重大多数人的意见。男人负责狩猎，女人负责采集野果，男女社会分工明确。他们的领地一般在距离水源 25 公里以内的地方。

对于布须曼人来说，水极其宝贵，因此布须曼人具有非常强的采集水的能力，他们能从空心的树干、植物的根和茎中收集大量的水。他们将水储存在深达 3 米的地下，这些储藏点位于他们的领地范围之内，这样他们在狩猎和外出采集的过程中就有充足的水可饮。

布须曼男人以擅长狩猎而闻名，他们很小的时候就开始接受投掷木棒、拉弓射箭等训练。他们狩猎的工具非常简单，只要一根木杖和一把弓箭。他们的箭头是经过毒液浸泡的，毒性非常强，而且没有解药。狩猎时，一般 2～6 人为一组。多年的狩猎生活使他们在走路时几乎没有一点声响，当发现猎物的时候，他们彼此会用手势告诉对方猎物的位置。当与猎物相距 25～30 米时，他们再次用手势沟通，所有人同时用弓箭射向猎物，然后再沿着猎物受伤后留下的血迹追捕猎物。追捕到猎物后，他们用木杖抬着猎物胜利而归。

布须曼女人较男人身材更为矮小，由于生存环境恶劣，她们一般每 4 年生育一次，布须曼人发明了一种植物避孕的方法，以防止再次怀孕。孩子出生后，布须曼人会根据周围的水塘为孩子起名，孩子一般 7～8 个月开始走路，而母乳喂养却长达 4 年。布须曼人禁止近亲结婚，女孩 2～6 岁便被许配给稍年长的男孩。到 8 岁的时候，女孩开始学习采集和烹煮食物，这时女孩和男孩开始生活在一起，但只有当男孩第一次猎杀大的动物并接受成人仪式后，男孩与女孩的婚姻才正式被部落所接受，而男女之间的夫妻生活要等到女孩接受成人仪式后才被允许。

结婚是布须曼部落里的一件大事，在结婚仪式上，男女双方要刺破自己的身体，将流出来的血液混合起来，以表示各自对对方的忠诚。布须曼人虽不讲究给新娘家送彩礼，但新郎为表示对岳父岳母的尊敬，要到新娘家"服役"数年。

死亡则是布须曼部落里的另一件大事，死者会被摆成胎儿的形状，并被包裹着下葬。令人难以接受的是，当母亲因难产而死，新生儿会随着母亲一起被埋葬。布须曼人的墓地一般 1.5 米深，呈南北走向，死者的遗物会被打碎后摆放到其他地方，不随死者埋葬。

布须曼人独特的生活方式及顽强的野外生存能力，引起了众多学者的兴趣，他们将布须曼部落视为古人类学研究的极佳素材，同时众多探险和旅游爱好者也将目光投向了这里。随着现代文明的逐渐侵入，布什曼人的生存空间越来越狭小，这不禁让我们担忧——随着时间的推移，布须曼部落或许终会在非洲消失！

中非蒙贡坝"矮人部落"

在中非南部蒙贡坝有一个真正的"矮人部落"——俾格曼原始部落。俾格曼人一般只有 1.3 米左右，超过 1.5 米就是部落里的"巨人"了。他们是中非这片土地的开拓者，然而历经数千年，仍然过着原始部落的生活。

俾格曼人长得非常结实，皮肤呈一种淡淡的浅棕色，短而弯曲的黑发，椭圆形的脸庞，扁平的额和鼻子，厚厚的向外翻起的嘴唇，洁白的牙齿。与他们的身高相比，他们的手显得特别长，这可能与他们长期的攀缘狩猎生活有关。

俾格曼人没有文字，但他们有自己独特的语言。他们过着游猎生活，一个地方的食物吃光后，他们就会举族迁徙，寻找新的食物充足的落脚点。

在俾格曼部落中，男人和女人分工明确，男人外出狩猎，女人种植少量木薯、香蕉及采摘野果。千万别小看俾格曼的女人们,她们虽然身材矮小,但头上却能顶几十公斤重的香蕉,爬树的本领更是令人惊讶!

俾格曼人聚居的"小村庄",被古木参天、藤蔓遍布的密林所包围。在村庄的正中央有一个长方形的茅草屋,显得非常醒目,这是俾格曼酋长的"宫殿"。

在酋长"宫殿"的四周,散落着几十个矮小的半圆形"窝棚",这些便是部落成员的住宅。这些窝棚建造得非常简单,一条条富有弹性的树枝纵横交错,两端插入土中,编织成一个直径 1.5 米、高 1 米左右的半球形的大罩子,用藤条牢牢固定,上面再盖上一层厚厚的香蕉叶、油棕榈叶当瓦片,即大功告成。每个窝棚都在朝着"宫殿"的一面,开一个约 60 厘米高的方洞,作为住宅的大门。

俾格曼人非常喜欢跳舞,他们在特殊日子及闲暇之时常常开部落"化装舞会"。舞会开始前,他们将采来的翠绿色的香蕉叶平铺在地上,然后又从各自的窝棚里捧出一包包用干香蕉叶包裹的"化妆品"——红、黄、紫、棕、黑色的泥土。他们将各种颜色的泥土放在香蕉叶上捻细,加少量的水拌成糊状泥浆,涂抹在脸庞、胸脯和手臂上。

化装结束后,部落的男女老少,在酋长的挥手示意下,围成一个大圆圈。接着,他们伴随着长鼓和"利肯贝"(一种用扁平木匣子和钢丝制作成的古老乐器)的"咚咚"、"当当"声,翩翩起舞。他们扭动腰肢,舞步千变万化,面部表情丰富,边歌边舞,节奏越来越快,还不时倒地翻滚。那缚在臀部的茅草、树枝,如尾巴一般不断摇摆着,别有一番情趣!

"石器时代"的哈扎比部落

在非洲裂谷南部茂密的丛林中,生活着一个古老的哈扎比部落,他们被称为"石器时代的人",因为他们依旧保留着石器时代的原始生活。

在哈扎比部落中,男人女人平等相处、分工明确,男人负责狩猎,女人负责采摘。他们随着季节的变化而迁徙。

哈扎比部落的男人们都是狩猎的好手。在狩猎时,他们常常会披上兽皮,将自己伪装起来,然后耐心地等待猎物的出现。一旦发现猎物靠近,他们会突然跳起来,投出手中的毒矛或射出毒箭。有时候,他们也会藏在动物的尸体下面,猛然扑向前来觅食的秃鹰。此外,他们还是高明的"造火者",用不了一分钟,他们就能用摩擦两个木片的方式将火点燃。他们追寻猎物的本领非常高超,每当发现猎物的踪迹总是锲而不舍,因此他们每每外出狩猎消失好几天是非常正常的事情。

哈扎比部落的女人们不仅要照看孩子、烹煮食物,而且还要采摘野果及植物根茎。而哈扎比部落的孩子们也没有闲着,他们从很小的时候,女孩就开始学习辨别根茎和植物,男孩则学习猎杀动物。哈扎比人尤其喜欢蜂蜜,为了一饱口福,他们敢于与成群的蜜蜂战斗。用他们自己的话来说:"蜜蜂吃我们的血,我们偷它们的蜂蜜,很公平的交易。"

哈扎比人

在哈扎比部落未被外界关注之前,哈扎比部落的绝大多数人,一生都不与外界接触。据《每日邮报》报道,当英国记者帕特罗走进这个古老而神秘的部落前,他们甚至不知道这世界上还有白人存在。他们看见帕特罗,感觉非常惊奇,他们不理解帕特罗的皮肤为什么是白色的。他们将帕特罗的手指放在自己的手上,小心地搓弄,似乎要把帕特罗的手指洗干净,看看黑色的皮肤是不是就藏在下面。

哈扎比人喜欢平静的生活,他们猎杀动物获得食物,他们不希望与任何人争斗,他们觉得保持原始的生活非常快乐!

然而,如今随着当地政府旅游观光的进一步深入,哈扎比部落被越来越多的现代文明所侵入,外界的许多东西开始出现在哈扎比人的生活中,甚至有些哈扎比人染上了酗酒、吸烟的恶习。可以想象,如果他们不能获得更好的帮助,在不远的将来,哈扎比人的身影便会在丛林中消失!

纳米比亚辛巴族"红泥人"

在非洲西南部的纳米比亚,生活着一个特殊的原始族群——辛巴族。辛巴族约有两万人,他们除脱离了母系氏族,一切都保留着原始的生活形态。

辛巴族以畜牧和种植为生,除雨季外,男人常年外出放牧和狩猎,女人则留在家里操持家务。辛巴族没有图腾，他们崇拜祖先和火。辛巴族的首领由女性担任，但长老团掌管着一切，包括经济规划、判定惩罚。

辛巴人一般一个家族组成一个村子。他们居住的房屋，大多是用树枝和泥巴搭建而成的。为了防止房屋坍塌，屋内会竖起粗大的木头以支撑房顶。房门很矮，仅供人弯腰进入。屋内没有床和桌椅，仅有瓦罐、木瓢等简陋的生活用具以及一张铺在地上的牛皮。这张牛皮，既是辛巴人的床，也是他们的饭桌。屋子内外，甚至每一件物品上，都被用"红泥"涂成了红色。

或许是由于神秘遗传基因的缘故，许多辛巴男孩在15岁前就夭折了。这使辛巴族男性和女性的比例严重失调，也导致辛巴族长久以来实行的是一夫多妻的婚姻制度。辛巴男人的每个妻子和她生育的孩子居住在一个篱笆房内，有多少个篱笆房，这个辛巴男人就有多少个妻子。

辛巴族的孩子，从很小的时候便开始帮家里放牧。因此，家中孩子越多，就能放牧更多的畜群，这也就意味着拥有更多的财富。辛巴孩子大多穿得很少，因此有时候很难分清是男孩还是女孩，但可以从他们的发式中判断出来。男孩的头发是从前往后梳的，而女孩子的头发则是从后往前梳，在额前形成牛角一样的发辫。

辛巴族"红泥人"

辛巴女子常年袒露上身，她们喜欢将一种红色石粉和着牛奶涂抹在身上，就连头发也要用这种红泥包裹。一旦涂上这种红泥，用水很难冲洗掉，而且能保持一周不退色。她们这样做，不仅能较好地抵御烈日曝晒，还能防止蚊虫的叮咬。此外，由于缺水，辛巴女子一生都不洗澡，她们一辈子都裹在红泥中，因此外界将她们称为"红泥人"。

辛巴女子也没有穿鞋子的习惯，她们喜欢在脚踝以上、膝盖以下戴十几道金属饰圈。当辛巴女子从女孩变成女人,她们会将原来前梳的发辫换成垂直下来的发辫,并在头顶上系上皮制的发冠。

在辛巴部落中,结婚是一件非常重要的事情。男方必须以牛作为聘礼,而且牛的选择非常严格,一定要黑色、高大威猛的。倘若女方家里对牛的外形不满意,那么这门亲事就要告吹。

如今,原本与外界隔绝的辛巴人,开始与外界有了越来越多的联系。许多旅游者慕名来到了这里,而辛巴人也并没有人们想象中的自我封闭,他们对旅游者的好奇心一点儿也不亚于旅游者对他们的好奇心,他们也会滔滔不绝地问旅游者很多问题。今天的辛巴人正慢慢学会如何去习惯和应对现代社会。或许,不久的将来,他们的生活状态会发生改变,但我们希望属于他们族群的文化能代代延续!

"月亮之子"佐埃人

在巴西帕拉州北部、亚马孙河流域的峡谷中,生活着一支保存极其完整的印第安人原始部落。他们被发现时,自称"佐埃人",因此而得名。

佐埃部落分散在原始森林的4个村庄里,村庄与村庄之间相距数十甚至数百公里。据统计,如今佐埃部落共有150多人。

佐埃人有着两种截然不同的生活方式:一些佐埃人过着原始的游猎生活,居无定所;另一些佐埃人选择定居,在自然条件好、物产丰富的地方从事简单的农业生产。当然,这样的生活方式并不绝对,如选择定居的佐埃人,狩猎也是其生活的重要内容。此外,随着猎物的减少,如今越来越多的佐埃人选择定居。

佐埃人长年生活在天气炎热的热带雨林中,往往赤身裸体,只有在极少的时候用花草树叶遮挡身体。佐埃人还有一个令人惊讶、不解的风俗:在佐埃部落中,无论男女,在10岁左右的时候,父母就要为其举行隆重的成人礼。父母精心准备了用白色树枝做成的小木棍,在孩子的下嘴唇处由上往下插,直到木棍穿透下嘴唇能吊在下巴下面。佐埃人一生中,差不多要换3次木棍,而更换的原因是身高的增加。

佐埃人没有自己的图腾,但他们非常崇拜月亮,他们相信自己的祖先就住在月亮上,因此他们自称为"月亮之子"。他们常常在有月亮的夜晚载歌载舞,举行仪式,避邪驱祸,祈祷平安。

据报道,20世纪70年代,一个地图测量和矿产资源探寻小组到了佐埃人居住的地区。1989年,巴西政府首次向世界宣布佐埃部落的存在,确认其居住地为印第安人保护区之一。为了保护佐埃人及其独特的民族文化,巴西政府禁止外人随便进出佐埃部落。

住在树上的科罗威人

在印度尼西亚东部巴布亚省偏远的森林中,生活着至今仍保持着近乎原始生活状态的一个族群——科罗威人。

科罗威人曾一度被称为"食人族",这是由于他们竟会残忍地以人肉为食。据说,在科罗威部落中,如果有人被指控使用巫术,那么这个人就会被拷打和处死,并被其他人吃掉。

如今,经过人类学家研究后发现,科罗威人并不是真正想以人肉为食,这可以说是他们的一种宗教仪式。野猪、鹿、蜥蜴、西米、香蕉、木薯等野生动植物,才是科罗威人的主要食物。

科罗威人是世界上首个被公认的"栖树民",他们以芭蕉叶遮体,擅长攀爬,居住在约50米高的树上。他们的小屋非常简陋,是依托树干,用木棍及树叶、茅草搭建而成。但小屋却十分结实,一般一家人都生活在一起,一间小屋最多的时候可以住8个人。

科罗威人

科罗威人擅长捕鱼和狩猎。他们根据不同的"敌人",制作不同的"武器"。有的是用来捕鱼的,有的是用来对付蜥蜴的,有的则是用来刺杀野猪的。他们常常会爬到树上抓黑蚂蚁,以其为诱饵捕鱼。他们还特别喜欢吃一种天牛的幼虫,据说口感像煮过头的胡桃,这对于缺乏蛋白质的科罗威人来说,无疑是非常好的营养品。

目前,科罗威部落约有3 000人,他们说自己特有的语言,却只有极少数人会读、会写。在日常生活中,他们喜欢以手势交流。人类学家感慨,自20世纪70年代科罗威人被发现以来,科罗威人的生活方式几乎没有任何改变,他们仍然生活在"石器时代"。